Pedofilia

Fani Hisgail

PEDOFILIA

um estudo psicanalítico

ILUMINURAS

Copyright © 2007
Fani Hisgail

Copyright © desta edição
Editora Iluminuras Ltda.

Capa
Michaella Pivetti

Revisão
Ariadne Escobar Branco

DADOS INTERNACIONAIS DE CATALOGAÇÃO NA PUBLICAÇÃO (CIP)
(Câmara Brasileira do Livro, SP, Brasil)

Hisgail, Fani
 Pedofilia : um estudo psicanalítico / Fani Hisgail. — São Paulo : Iluminuras, 1ª ed., 2007, (3. Reimp., 2014).

 Bibliografia
 ISBN 978-85-7321-264-8

 1. Abuso sexual contra crianças 2. Crianças vítimas de abuso sexual 3. Pedofilia 4. Pornografia na mídia 5. Psicanálise I. Título.

07-7820   CDD-150.195

Índices para catálogo sistemático

1. Pedofilia : Estudo psicanalítico : Psicologia   150.195

2020
EDITORA ILUMINURAS LTDA.
Rua Inácio Pereira da Rocha, 389 - 05432-011 - São Paulo - SP - Brasil
Tel: (11)3031-6161 / Fax: (11)3031-4989
iluminuras@iluminuras.com.br
www.iluminuras.com.br

SUMÁRIO

AGRADECIMENTOS 9

APRESENTAÇÃO 11

INTRODUÇÃO 13

CAPÍTULO 1

O impacto da pedofilia: a libido errante do sedutor 17
Exploração e abuso sexual na calada da vida cotidiana 20
Pornografia eletrônica: o ator e as amarras 23

CAPÍTULO 2

As primeiras suspeitas na Europa 31
A década de noventa e depois 34
A cultura do abafamento na França 37
A multiplicação das notícias 39
Crianças sobreviventes na *confusão de línguas* 41
Charles Dodgson no país das maravilhas 44
Prisões por uso de pornografia no Brasil 46
Anjos proibidos de Leonardo Chaim 49

CAPÍTULO 3

As parafilias: herdeiras das psicopatias 51
O supereu e os crimes 55
A sexualidade perversa polimorfa 59
A perversão pedófila: Édipo e Cinderela 63
O fantasma perverso 66
A experiência da sedução 68
A pedofilia e o fetichismo: o falo da mãe 71

CAPÍTULO 4

As patologias e o sofrimento psíquico 77
A criança, objeto da libido 81
A criança, objeto de gozo 84

CAPÍTULO 5

As origens do Direito Penal 87
Crimes Hediondos 91
Imputabilidade 95
Os crimes contra os costumes e a liberdade sexual 97
Delitos na Internet: combate explícito 100
Os direitos da criança 105

FINAL

Encontro com o real 109

BIBLIOGRAFIA 117

Para as crianças que um dia tiveram que abreviar a inocência da infância.

AGRADECIMENTOS

Meu agradecimento a Lúcia Santaella, que orientou a tese de doutorado na qual se baseou este livro, a Oscar Cesarotto, interlocutor atento e crítico da cultura, a Cleusa Rios, pela importante leitura minuciosa do texto, a Renato Schroeder, pelo trabalho de edição de texto, ao Promotor de Justiça Fernando Henrique de Arruda, Alzira Hisgail, Elinée Hisgail, Selma Lancman, Ivan Esperança Rocha, Rodrigo Hisgail de Almeida Nogueira, Marciela Henckel, Lounes Bouhadoun e a todos os que estiveram próximos e sensibilizados com o tema.

APRESENTAÇÃO

Instigada pela ousadia do pedófilo, presente na vida "real" e no meio eletrônico, senti-me convocada pelo desejo de saber mais a respeito da psicopatologia dos agentes de crimes sexuais contra crianças. Visto que a pornografia infantil eletrônica representa o imaginário da pedofilia, os gostos e as preferências sexuais, fui atrás do que já fora dito na mídia sobre a pedofilia.

Para tanto, foram selecionadas — na mídia impressa e eletrônica — notícias nacionais e internacionais de crimes de pedofilia, de fabricação e divulgação de imagens pornográficas de crianças. Os meios de comunicação mais consultados foram jornais e revistas brasileiras e francesas, com artigos e entrevistas de alguns especialistas.

As associações de proteção à infância, por meio de bancos de dados e bibliotecas virtuais, mostraram o verdadeiro quadro da exploração sexual da criança no mundo. As mídias tradicionais e novas dão maior visibilidade ao problema, enfocando o caráter criminal da conduta do pedófilo. As informações, contidas nos meios de comunicação de massa, procuram reproduzir, na íntegra, a ação do transgressor e as penalidades envolvidas. Porém, carecem de explicações sobre a dimensão psicopatológica da pedofilia. Assim, a opinião pública continua desinformada, fomentando o preconceito e as reações de vingança.

De modo diferente, a imprensa francesa, desde 1996, aborda o tema com maior profundidade, por meio de dossiês e entrevistas de pessoas que sofreram, na infância, abusos sexuais de professores e padres, além de análises de especialistas.

Caberia esclarecer que o objetivo da pesquisa não é enfocar a pedofilia pelo viés clínico. Procuro salientar as linguagens jornalísticas, os aspectos jurídicos e a análise de especialistas que descrevem a situação do crime e as conseqüências na psicopatologia dos envolvidos. Tendo à frente o abuso sexual infantil, a pesquisa cumpre a função de revelar, descrever e reproduzir os matizes da pedofilia, tanto a real quanto a virtual. Pelo método analítico e descritivo ou pela aglutinação de elocuções distintas sobre a mesma questão, procuro investigar os pontos de encontro, sem perder de vista as diferenças. Desse rastreamento, veremos de que maneira a psicanálise contribui e pode esclarecer as fantasias edipianas que envolvem os crimes de abusos sexuais.

Na época da pesquisa de doutorado no Programa de Pós-Graduação em Comunicação e Semiótica da PUC/SP, entre 1998 e 2001, chamou-me a atenção a inexistência de material científico sobre a pedofilia. Nos últimos anos, esse panorama tem mudado, de modo que o abalo que se produziu nos anos noventa, em termos da sexualidade, refletiu no recrudescimento da repressão policial em relação aos atos de pedofilia e incesto. Tem-se a impressão que eles se multiplicaram, mas o que é exibido pela mídia revela haver uma verdade oculta, engolida pelo silêncio do segredo. Segundo Jean Claude Guillebaud, escritor e jornalista, "o que, de fato, muda não são tanto os fatos, mas o julgamento que sobre eles se faz".

Trata-se de reconhecer que, sob o manto da pedofilia, encontramos a sexualidade polimorfa infantil — conceito freudiano que descreve o desenvolvimento sexual na primeira infância. Esse é um assunto difícil e delicado, porque implica discutir as razões pelas quais a criança é levada a ceder à sedução de um adulto, supondo ser alguém que ela estima. De outro lado, os pedófilos que sustentam a prática pela vida toda, justificam-se dizendo que as crianças gostam e não vêem mal algum em estabelecer com elas atos libidinosos e relações sexuais.

Inspirada por histórias verídicas, narradas por autores e jornalistas, priorizei as reportagens e artigos que imprimem visibilidade ao abuso sexual infantil na vertente do ato pedófilo e das implicações com a pornografia infantil eletrônica. Esse aspecto direcionou o olhar ao modo como o adulto seduz e se aproxima da criança, envolvendo-a numa lógica perversa.

INTRODUÇÃO

"A história da infância é, em verdade, um pesadelo para o qual nós só começamos a despertar em tempos recentes".

Lloyd de Mause

Os registros etnográficos e os documentos antigos sobre a infância atestam que o infanticídio ocorria em sociedades incestuosas por meio de sacrifícios de crianças entre 400 a 200 a.C. O sagrado e o profano mesclavam-se nas tradições e ritos da Nova Guiné, dos Incas e de outros grupos sociais. Em Cartago, arqueólogos descobriram um cemitério, denominado Tophet, com mais de 20 mil urnas de crianças. No Zoroastrismo, o matrimônio entre irmãos, pais e filhos era corrente, enquanto nos costumes indianos e chineses a masturbação exercida na criança funcionava para adormecê-la e apaziguar o ardor libidinal do adulto.

Na antiga Grécia, o sexo dos efebos e as aventuras homoeróticas dos adultos eram consideradas como um rito de passagem da infância à adolescência. Esse ritual iniciático, inscrito num contexto social e ideológico, representava as obrigações cívicas e legais que os jovens deveriam seguir.

Contudo, o infanticídio persistiu até o fim do século XVII de forma tolerada, mesmo sendo, naquela época, um crime punido com severidade. "No entanto, era praticado em segredo, de modo corrente, talvez camuflado sob a forma de um acidente: as crianças morriam asfixiadas na cama dos pais, onde dormiam. Não se fazia nada para protegê-las ou salvá-las", escreve o historiador Philippe Ariès (1978). Esse período retrata o surgimento da representação da família e da criança, estudado, de forma majestosa, por Ariès, por meio da iconografia e dos temas relevantes. A infância, como é conceituada hoje, não o era na sociedade medieval mas, nem por isso, as crianças eram "negligenciadas, abandonadas ou desprezadas". As ligações libidinais entre filhos e pais faziam parte do cotidiano familiar até atingirem a idade de seis ou sete anos quando eram afastados das intimidades sexuais dos genitores. A criança pequena equivalia a uma fonte de distração e convivia no meio dos adultos de maneira precoce.

Com as mudanças nas relações entre os adultos e a criança, na sociedade medieval, o "primeiro sentimento da infância", nas palavras de Ariès, nasce no seio familiar. Os laços afetivos, mais estreitos e íntimos, intensificam a preocupação com as doenças infantis. O medo de perdê-las mudou a maneira de tratá-las. A família concentrou-se em torno da criança e da educação que "era garantida pela aprendizagem junto aos adultos e as crianças viviam com uma outra família que não a dela".

O hábito de entregá-las a famílias estranhas vem do século quinze e consistia em fazê-las servidoras domésticas e aprendizes das regras sociais e religiosas. No fim do século dezessete, a aprendizagem feita por um tutor ou chefe de família foi substituída pela escola, por uma pedagogia corretiva e punitiva baseada na moralidade daquele período.

O "segundo sentimento da infância" corresponde ao surgimento de uma visão conservadora, da qual o treinamento e o adestramento deveriam ser aplicados com rigor. Utilizada nas escolas, a palmatória com formato de pêra e um buraco redondo, provocava o aparecimento de bolhas na pele, tendo sido os reformadores religiosos, os defensores do rigor e firmeza contra o sentimento de "paparicação" e as "leviandades da infância".

A crítica dos jesuítas, dos educadores e dos moralistas enfatizava que a criança tinha apenas o objetivo de diversão e relaxamento em relação ao desejo do adulto. Os eclesiásticos e os homens da lei, preocupados com a disciplina e a racionalidade dos costumes, conquistaram o seio familiar. Desse modo, o apego à infância exprimia, com eloqüência, o interesse pela boa saúde do corpo, pela formação psicológica e pela responsabilidade moral.

A pedagogia dos séculos dezenove e vinte frutificou os ideais dos "reformadores católicos ou protestantes ligados à igreja, às leis ou ao Estado". Os pais, empenhados em proteger os filhos, transformaram a afeição na necessidade de educar e de atender as demandas dos estudos. Além da proteção da honra e da vida, as crianças ficavam em estado de vigilância sexual, no qual os adultos não podiam discutir assuntos sexuais na presença delas.

Por um bom tempo, o olhar sobre o tema da sexualidade infantil ficou restrito à sensibilidade dos filósofos e dos pintores da Idade Média mas só a partir de Freud o mundo ocidental visualizou a dimensão das manifestações sexuais da infância. Até então, essas eram consideradas um fator latente e que, se fossem despertadas pelo adulto, poderiam trazer conseqüências terríveis.

Nos *Três ensaios para uma teoria da sexualidade* (1905), Freud escreve que a opinião popular "acredita, com firmeza, que falta, em absoluto, na infância", a pulsão sexual e que essa só se manifestaria na puberdade. Desde então, a irrupção sexual na infância tem sido estudada pelos psicanalistas, sendo, hoje, um consenso que a criança se constitui na fonte da pulsão e do desejo do Outro — conceito que designa a função simbólica da linguagem determinante na constituição do sujeito. As considerações convencionais sobre a inocência perderam terreno, porque a primeira infância é palco da "sexualidade perversa polimorfa", pivô dos conflitos edípicos. Freud nos lembra que, sob a influência da sedução, o pequeno ser "induzido a todo tipo de limitações sexuais", desenvolve uma disposição perversa polimorfa em relação ao objeto de satisfação. Pertencente à organização pré-genital, a perversidade infantil representa um dos tabus da sexualidade da cultura ocidental.

As crianças, ávidas por saber, pesquisam e indagam sobre tudo o que for relativo ao enigma da sexualidade. Essa curiosidade desperta uma incessante procura de novos significados e as fantasias sexuais expressam, com nitidez, a alusão aos grandes temas infantis: o nascimento e a morte.

Se a negligência imperou por séculos e, depois, o cuidado e a atenção traçaram um período de preservação da vida das crianças, hoje, temos pela frente uma forma distinta de ameaça à infância.

CAPÍTULO 1

O IMPACTO DA PEDOFILIA: A LIBIDO ERRANTE DO SEDUTOR

Na década de noventa, a exploração comercial e sexual infantil vitimou milhões de crianças e adolescentes no mundo. Devido à pobreza, o desemprego, à desestruturação familiar e à banalização da sexualidade, a pedofilia ressurge na calada da vida cotidiana como uma perversão sexual, a ponto de interferir de forma drástica no desenvolvimento psíquico infantil, provocando traumas irreversíveis e doenças transmissíveis por sexo. A infância, convocada pelo adulto a assumir uma identidade sexual, mostra-se nas imagens eletrônicas da pornografia infantil. Esse fenômeno, criado pela cultura moderna, se destaca como um sintoma do mal-estar da atualidade, ao mesmo tempo em que mobiliza legiões contra a pornografia infantil.

A cobertura dos casos de pedofilia pela mídia ampliou a abordagem do problema como fenômeno social e criminal, mobilizando a opinião pública por intermédio de campanhas de conscientização contra o abuso sexual infantil. Entretanto, a maioria dos cidadãos permanece desinformada perante a questão das vicissitudes do desejo na pedofilia, seja pelo tabu do incesto e vergonha social que inibem a investigação ou pela dificuldade dos pais e educadores de lidarem com as manifestações da sexualidade infantil.

Do ponto de vista psicanalítico, a pedofilia representa uma perversão sexual que envolve fantasias sexuais da primeira infância abrigadas no complexo de Édipo, período de intensa ambivalência da criança com os pais. O ato pedófilo caracteriza-se pela atitude de desafiar a lei simbólica da interdição do incesto. O adulto seduz e impõe um tipo de ligação sigilosa sobre a criança, na tentativa de mascarar o abuso sexual.

O corpo infantil é o objeto erótico de desejo e, nesse sentido, a pornografia infantil eletrônica preconiza a erotização precoce nas imagens evocadas da cena sexual. A pornografia explora o lado obsceno ou licencioso da vida erótica mas, também, é um indicador de sérias patologias em torno das perversões sexuais.

Por outro lado, o sofrimento psíquico derivado das situações de abuso sexual situa a vítima na posição de sobrevivente, da criança que se refugia de maneira precária no mundo interno, detendo um segredo sob o manto do silêncio. A cultura da ocultação silenciou, durante décadas, os atos pedófilos e os refinamentos de crueldade no universo da exploração infantil.

Segundo o psicanalista Serge André (1999), o discurso do pedófilo afirma uma tese segundo a qual a criança consente em participar das relações sexuais propostas, de modo que ambos vivam o verdadeiro amor. Sem defesa, a criança reage até onde pode mas, uma vez submetida ao gozo do pedófilo, cumpre a fantasia inconsciente da cena primária, isto é, da participação sexual da criança na relação dos pais. Com isso, o ato pedófilo tenta anular as diferenças geracionais da espécie humana, da mesma forma que, por meio da pedofilia virtual, pretende converter a proibição do incesto em permissividade.

O pedófilo, "sedutor" ou "abusador" de menores, assim denominados pela linguagem policial e jornalística, são citados como cidadãos bem comportados e respeitados, que ocultam dos outros um tipo de prática sexual com crianças.

Quando encontra o momento de estar a sós com elas, se aproxima com carícias e toques de mãos nas pernas, no pescoço, nos genitais e outras zonas erógenas, tentando provocar sensações físicas de prazer. Assim, a imagem do corpo pueril dispara a libido do pedófilo e o desejo de praticar atos sensuais.

Segundo Jefferson Drezett (2002), doutor em ginecologia e consultor em violência sexual do Ministério da Saúde brasileiro, as características dos crimes sexuais atestam que "o estupro não é o crime sexual mais freqüente entre as crianças. Em geral, elas são submetidas a diversas formas de atentado violento ao pudor, diferentes do atentado oral ou anal, destacando-se as carícias eróticas e a masturbação da criança e do agressor". Contudo, entre os adolescentes, como esses episódios não deixam "evidências materiais", predomina o estupro, na prostituição infantil.

A pedofilia virtual manifesta, a céu aberto, os enunciados da sexualidade perversa dos agentes. As imagens pornográficas denunciam os sentimentos do ultraje ao pudor e do ato obsceno. Assinalam, ainda, o vértice entre o conhecimento do adulto e a ignorância da criança. De todo modo, as crianças não se deixam enganar por muito tempo, reconhecendo, em seguida, as intenções disfarçadas.

Ao tornar artificial a sexualidade infantil a pornografia faz questão de expor uma realidade fantasmática, mental e narcísica. Os ingredientes acima descritos ficam mais apimentados e perigosos de tratar quando acrescidos da violência e da crueldade perpetradas sobre a criança.

Sob diferentes prismas, rompe-se o silêncio e constata-se que o universo da exploração comercial e sexual da infância encena um fenômeno que assola, devasta e destrói o caráter humanista da civilização, ao produzir efeitos desastrosos nos seres desprotegidos. A pedofilia por ser uma perversão sexual aparece como fenômeno que pode ser colocado sob o signo do saber do psicanalista. E os meios de comunicação de massa servem de veículo de mobilização social, no sentido de ampliar o diálogo com a sociedade civil contextualizando o tema sob a óptica dos direitos humanos.

A priori, o cidadão que sente atração por crianças, gostaria de se analisar? É fato que, muitas vezes, ele guarda esse segredo até ser descoberto. Não procura uma psicoterapia, até porque sabe que os profissionais de saúde têm o dever de denunciar os casos de que tenham conhecimento (conforme o artigo 13 do Estatuto da Criança e do Adolescente). No entanto, hoje existem canais de comunicação eletrônicos que recebem mensagens com relatos de pessoas que, de algum modo, sofrem e se culpam por sentirem esse desejo.

Frente a tal quadro, a pedofilia demonstra a dimensão do desejo humano e põem à prova os ressentimentos e a vergonha, em especial quando se promovem enunciados do campo perverso. Apesar do pudor de uns e de outros, nem mesmo a moral sexual civilizada detém a pulsão sexual da fascinação que exerce o gozo.

A transgressão da Lei dos Direitos da Criança, na perversão pedófila, aponta tanto para uma política penal moderna e preventiva, como para aqueles que lidam com as pulsões humanas e podem assumir uma posição ética de não recuar frente aos ruídos preconcebidos e moralizantes. A despeito da monstruosidade explícita desses crimes, a psicanálise pode contribuir com a elucidação da psicopatologia da pedofilia e reconhecer, na libido errante do sedutor de crianças, a "fantasia sexual". Porém, quando se trata da infância, deve-se ampará-la e defendê-la da crueldade e da violência sexual.

Há décadas, o abuso sexual infantil tem sido objeto de discussão por parte de especialistas no mundo inteiro e por entidades que lidam com essa problemática. Acompanhando o desenrolar diário dos fatos pela mídia impressa e eletrônica, pela divulgação de matérias jornalísticas e entrevistas sobre a violência sexual contra a infância, ficam evidentes os graves problemas enfrentados pelas crianças e menores abandonados, tais como prostituição, pornografia, turismo sexual e tráfico, o que contribui para que a primeira infância seja marcada pelo signo da perversidade.

Entre as muitas dimensões do imaginário social relacionado com os abusos precoces, o ato pedófilo aparece como a forma mais atualizada de fomentar o assédio sexual de crianças e adolescentes, pelas mãos de máfias de contraventores e criminosos. A maioria desses crimes "se constitui em rede, na busca de clientes para um mercado do corpo, sem a opção de quem é usado, na busca do lucro, com a sedução do prazer", de acordo com a professora brasiliense Eva Faleiros (Faleiros, 1998; Faleiros e Costa, 2000).

A popularização da Internet, a partir da década de noventa, aumentou a distribuição da pornografia *online*. As imagens veiculadas, além de enlevar o desejo dos pedófilos, representam o meio mais eficaz de seduzir as próprias crianças, da mesma forma que despertam a curiosidade de alguns jovens e adultos.

Os julgamentos de pedófilos cresceram de forma vertiginosa e a mobilização pública intensificou-se, depois do primeiro Congresso Mundial de Estocolmo, em 1996, contra a exploração comercial e sexual de crianças. Naquela época, a ONU estimava que cerca de um milhão de crianças sofriam exploração sexual a cada ano no mundo inteiro, segundo o jornal francês *Le Monde* de 25 de agosto de 2001. Os escândalos na igreja católica e a caça às bruxas na rede mundial de computadores explodiram e não perdoaram ninguém, compondo uma lista de artistas, cantores, professores e advogados.

Diante disso, foi essencial a criação de medidas mais severas e repressivas de combate à exposição de imagens de crianças em atividade sexual. Mas só a partir da última década, a sociedade tomou contato e se conscientizou das graves ameaças sofridas pelas crianças, graças ao sistema de denúncias anônimas, fornecido pelos canais abertos de instituições dirigidas à cidadania.

Campanhas e publicações globais na mídia eletrônica divulgam pesquisas sobre o abuso sexual infantil, com artigos de psicólogos, psicanalistas, psiquiatras, cientistas sociais e juristas em *sites* de entidades e de organizações governamentais e não-governamentais, tais como a Unicef, ECPAT (End Child Prostitution, Child Pornography and Trafficking of Children for Sexual Purposes), Mapi (Movement Against Pedophilia on the Internet), Le Bouclier Blue e Visão Mundial, entre outras.

No Brasil, a Abrapia (Associação Brasileira Multiprofissional de Proteção à Infância e à Adolescência) e o Cedeca (Centro de Defesa dos Direitos da Criança e do Adolescente) são órgãos que põem à disposição do público assuntos relacionados à violência doméstica, espancamento, tortura psicológica, constrangimento, isolamento e abuso sexual. O Cecria (Centro de Referência, Estudos e Ações sobre Crianças e Adolescentes) e o Recria (Rede de Informação sobre Violência, Exploração e Abuso Sexual de Crianças e Adolescentes) também possuem um banco de dados, documentos e pesquisas que descrevem os tipos de abuso sexual infantil.

A exploração comercial e sexual de crianças e adolescentes, um fenômeno "que tem particularidades históricas, culturais, econômicas, raciais e étnicas" na visão de Eva Faleiros, atinge, em escala mundial, milhões de crianças em países com populações pobres. Devido ao crescente mercado do sexo ser perigoso, ilegal e rentável para as máfias, as pesquisas e o conhecimento aprofundado do assunto, sofrem severas restrições.

Os especialistas que atuam no enfrentamento da exploração comercial e sexual reconhecem que, além da prostituição infantil, a pornografia, o turismo sexual, o tráfico e o abuso sexual dentro e fora do ambiente familiar são práticas que ferem a cidadania e os direitos humanos. O abuso sexual se caracteriza pela "utilização pelo adulto, do corpo da criança ou do adolescente para fins sexuais sem o consentimento da vítima, que sofre coação física, emocional ou psicológica" como define a jurista Hélia Barbosa (1999).

A assistente social, Lília Cavalcante (1998), informa que o abuso sexual pode ser "sensorial — pela pornografia, exibicionismo ou linguagem sexualizada — por estimulação —; com carícias inadequadas, consideradas íntimas, masturbação e contatos genitais incompletos e —; por realização — tentativa de violação ou penetração anal, oral ou genital", sendo todos perniciosos à primeira infância.

Já Eva Faleiros diz que "a categoria violência explica todas as situações em que a criança é vítima", em especial quando se entende a dimensão sexual da violência. Ela afirma, ainda, que a violência sexual embaralha os limites geracionais: "deturpando as relações sociais, afetivas e culturais, confundindo e descaracterizando a função dos pais e dos educadores, invertendo e desumanizando a natureza das relações dos adultos com as crianças".

Quanto à difusão dessa problemática nos meios de comunicação a mídia impressa enfatiza o caráter dissimulado da pedofilia, narrando histórias verídicas de consumidores de pornografia infantil e de pessoas que foram flagradas em atos libidinosos com menores.

A mídia eletrônica acolhe numerosos *sites* de entidades nacionais e internacionais com informações atualizadas sobre a violência sexual infantil, que incluem programas de intervenção jurídica e psicossocial. Todos se ocupam em esclarecer as dimensões criminais, sociais e psicopatológicas das possíveis causas desse "mal-estar da cultura". Os programas de atendimento oferecem assessoria jurídica para as famílias das vítimas, enquanto as equipes multidisciplinares procuram tratar e cuidar das crianças. Em relação ao eventual tratamento dos casos de pedofilia, muitos abandonam o processo terapêutico ou desaparecem da instituição, sendo poucos os que vão a júri.

Por se tratar de um tema tabu, os crimes sexuais infantis evocam sentimentos de indignação e horror na população, provocando diferentes modos de encarar a situação, podendo gerar reações retrógradas de como lidar com a pedofilia.

Traços dessa situação só reforçam o aparecimento de sentimentos hostis e de vingança, coexistindo com a descrença nas versões de abuso sexual relatadas pelos menores vitimizados. Com efeito, a desinformação leva a população a considerar a pedofilia apenas como crime contra os costumes e a liberdade sexual. A patologia do crime, designada como transtorno da preferência sexual, segundo a CID (Classificação Internacional de Doenças), considera, portanto, uma perversão *strictu sensu*, assistida pela intervenção médico-legal.

O tratamento clínico da pedofilia, pouco conhecido pelos psiquiatras, terapeutas e psicanalistas, se enquadrava no conjunto das psicopatias sociais, reservadas à detenção e à internação nos manicômios judiciários. O estudo concernia às aberrações e aos desvios sexuais do instinto, de tal modo que o transtorno psíquico era explicado em função de uma conduta imoral, criminosa e louca.

Mesmo com a visibilidade maior dos casos, os profissionais sabem pouco sobre o ato pedófilo mas, por ser um delito e uma transgressão da lei jurídica, ressurge por via da pornografia, associada às imagens obscenas, na qual a presença explícita dos órgãos sexuais do adulto, próximos à criança, tem por finalidade excitar a sensibilidade libidinosa do observador.

Na Internet, a disseminação das imagens pornográficas de crianças em atividade sexual revelou o mundo imaginário do ato pedófilo. A circulação desse material ampliou-se, tomando proporções que extrapolam o controle social. Qualquer pessoa com conhecimento da *web* pode rastrear e descobrir *sites* de pornografia infantil e de discussão com simpatizantes da pedofilia. Como conseqüência, tanto as pessoas que consomem quanto os intermediários do comércio de fotos, vídeos, CDs e DVDs costumam ser identificados como pedófilos, sem discriminação. Da mesma forma que, com o surgimento da pornografia impressa, os apreciadores dessa literatura eram malvistos.

Pornografia eletrônica: o ator e as amarras

Deve-se à Restif de La Bretonne, escritor do século XVIII, a introdução da palavra pornografia, na língua francesa. A etimologia do vocábulo *pornê* em grego, significa prostituição, entretanto a pornografia surgiu, também, como objeto de crítica aos regimes totalitários.

O tema da pornografia, bastante controvertido, opõe a muitos, por acharem que o conteúdo pode afetar as atitudes e o comportamento de pessoas que contemplam cenas de sexo explícito. Os assuntos tratados podem consistir na exploração do lado obsceno ou licencioso do campo sexual. São, em geral, relativos à prostituição, devassidão, libertinagem, lascívia, luxúria, sadismo, masoquismo, voyeurismo, exibicionismo e todos os tipos de perversões, preferências e especialidades sensuais.

O medo das versões gráficas da sexualidade, um fato manifesto no mundo atual, foi motivo de questionamento de estudiosos e pensadores preocupados com o tema. A obscenidade e a pornografia costumavam comparecer às mesas de discussão das ciências humanas mas só com o surgimento da psicanálise os debates passaram a acrescentar novos conceitos sobre a libido humana, distinguindo a veia erótica da pulsão sexual. Os interessados eram os psicólogos, psicanalistas, filósofos, advogados, sociólogos e literatos que discutiam o entorno da pornografia na literatura, na sociedade e na clandestinidade.

Fruto desses saraus, o livro *Encuesta sobre la Pornografia*, organizado por C.H. Rolph, apresenta seis pensadores que discutem os problemas e os efeitos da pornografia sob os aspectos legais, religiosos, sociais, antropológicos e psicanalíticos. Outra publicação que merece destaque é *El psicoanálisis ante la pornografia*, que foi uma mesa redonda realizada em Barcelona com o psicanalista argentino Oscar Masotta, em 1977.

A grande dificuldade em abordar a questão diz respeito ao modo pelo qual o discurso pornográfico se distingue do erotismo. Segundo Masotta "o pornográfico é um relato de uma ideologia sobre o sexual, transmitida pelos meios de comunicação de massas. O pornográfico estaria ao lado da escritura e o pornográfico não seria erótico, pois parece que o erótico está ao lado do discurso verbal".

Dito assim, a fronteira entre o erótico e o pornográfico parece tênue, mais ainda se a função estética da obra for desconsiderada. Em muitos casos, a "censura moral" recai sobre a "forma" e não sobre o "conteúdo". A pornografia carrega a marca de uma transgressão, de uma força provocadora que incita a violência deliberada, podendo ou não exibir o ato sexual, da copulação à excreção. Unido aos caracteres do obsceno, o pornográfico acena para a função do pudor do receptor, pelo modo de evitar o olhar envergonhado ou extasiado frente a extrema fragilidade do desejo, quando conectado com a potência do gozo.

Com o comércio mundial de pornografia infantil, a Internet se tornou a grande possibilidade para as organizações criminosas ganharem dinheiro, em operações semelhantes ao tráfico de drogas. Das atuais produções em massa, a pornografia infantil ilustra patologias sérias da vida erótica, importantes para a opinião pública e para os especialistas da área. Os riscos produzidos consistem no espetáculo coletivo de imagens distorcidas em que os jovens, as crianças ou os adultos são flagrados, legitimando uma prática delinquente.

Conceituar a pornografia infantil parece uma tarefa complexa porque as normas aplicadas de cada sociedade e país diferem, segundo a subjetividade da massa, em relação às convicções morais, sociais, religiosas, sexuais e jurídicas. A definição legal da infância e da adolescência pode ser divergente de um país para outro, apesar da ratificação dos Estados Membros da Convenção das Nações Unidas sobre a Declaração dos Direitos da Criança e do Adolescente.

O critério legal de idade para que um menor tenha relações sexuais com um adulto varia de 12 a 18 anos, na União Européia, constatando uma enorme disparidade entre os países. No Brasil, o estatuto define a idade de 12 anos incompletos para o fim da infância e início da adolescência; o parâmetro cronológico de consentimento utilizado varia entre 14 e 18 anos.

As referências adotadas para conceituar a pornografia infantil levam em conta a tortura efetiva contra a criança. O Conselho Europeu qualifica a pornografia, em termos gerais, como "todo material que representa a criança num contexto sexual" e a Interpol (International Criminal Police Organization), como "a representação visual da exploração sexual infantil, enfatizando o comportamento sexual de crianças". Na análise de T. Panepinto (2000), especialista em criminologia, a pornografia infantil se constitui por "todas as formas de produção de difusão e posse de documentos incitando a experiência sexual infantil".

Das legislações atuais contra a pornografia infantil, a Inglaterra lidera, em eficácia, por causa das diversas emendas aprovadas recentemente. Mas os especialistas consideram que, se não houver um consenso mundial no combate à pornografia infantil, a distribuição e o *download* de imagens continuará a crescer.

No Brasil, os crimes por meio da Internet, os de corrupção de menores (artigo 218 do Código Penal) e de publicação de fotos ou de cenas de sexo explícito ou pornografia envolvendo menores (artigo 241 do Estatuto da Criança e do Adolescente) correspondem aos delitos contra os costumes.

As circunstâncias para se constatar o delito dependem do ato de publicar, ou seja, de divulgar fotos que reproduzam alguém em cena de sexo explícito, na qual fica evidente que as crianças (até 12 anos incompletos) ou adolescentes (maiores de 14 anos e menores de 18 anos) sejam objeto de assuntos licenciosos e de libidinagem.

Com a ratificação pelo Governo Brasileiro, em 8 de março de 2004, do Protocolo Facultativo à Convenção sobre os Direitos da Criança, referente à venda de crianças, à prostituição e à pornografia infantil, "permite ver nas condutas de exploração e violência sexual um atentado aos direitos humanos desta população". O Protocolo dispõe no artigo 2º, alínea c, que "pornografia infantil significa qualquer representação, por qualquer meio, de uma criança envolvida em atividades sexuais explícitas, reais ou simuladas, ou qualquer representação dos órgãos sexuais de uma criança para fins sexuais".

Elaborada pela Secretaria Especial de Direitos Humanos da Presidência da República e pela Subsecretaria de Promoção dos Direitos da Criança e do Adolescente, a Pesquisa sobre Pornografia Infantil na Internet, de 2004, mostrou que o Brasil é o 10º país do *ranking* dos países hospedeiros de sites de pornografia infantil. Apenas 10% da população brasileira são usuários de Internet e as perícias feitas de crimes cibernéticos apontou que a proporção encontrada é de um site nacional para dez internacionais.

Os pesquisadores revelaram que diversos esquemas "profissionais e amadores" de produção de pornografia infantil foram desmantelados e que das denúncias de exploração sexual comercial (16%), obtêm-se 9% das de pornografia infantil. A carência financeira de grande parte das vítimas e a demanda existente de consumidores permitem caracterizar o mercado sexual nas regiões mais pobres do país.

Segundo os dados levantados, a produção e difusão são atividades praticadas por homens, entre 25 e 40 anos, de razoável bom nível socioeconômico. Os pesquisadores distinguem quatro tipologias de pornografia infantil: pornografia juvenil — associada à prostituição e ao turismo sexual —; pornografia infantil — focalizada em crianças maiores, mas impúberes, são imagens de crianças que não têm consciência do que se passa —; pornografia infantil bizarra — com imagens de crianças pequenas e até bebês sendo abusados por adultos (compreende a série de crianças que são abusadas pelos próprios pais, também denominada pelos próprios pedófilos, de pornografia doentia) e, por último, a pornografia infantil comercializada por meio de *software*.

A pornografia infantil desponta como um sintoma da cultura, envolvendo redes internacionais que atuam em territórios nacionais, o que exige de todos uma ação conjunta de combate. Segundo a pesquisa "é necessária uma atuação de pessoal especializado em equipes interdisciplinares que desenvolvam estratégias globais de ação, visando às crianças e adolescentes vítimas, às famílias e às comunidades, os pedófilos e as redes de pornografia, além da sociedade em geral".

Para algumas organizações não-governamentais estrangeiras, a demanda e oferta do mercado sexual e a "dependência" do usuário representam um termômetro do quanto a pornografia infantil oferece como um complemento, um *plus* de prazer, mas que pode envolver a pessoa a ponto de se converter num adicto do sexo. A "adicção ao sexo" é definida pela Associação Americana de Psiquiatria como "uma preocupação sexual que interfere no trabalho e na vida familiar, mantendo o desejo constante de realizar atos sexuais em intervalos de tempo breve".

A ONG Ação Contra a Pornografia Infantil da Espanha afirma que "os adictos do sexo sofrem pela exigência cada vez maior de dedicação ao sexo" e, por conseqüência, as situações de violência sexual seriam, de fato, cada vez mais freqüentes. A entidade concebe dois tipos de "violadores": aquele que faz de tudo para realizar as fantasias sexuais com crianças e aquele que encontra prazer no fato de violar a "inocência" da criança. Os textos escritos que acompanham a pornografia infantil, nas salas de bate-papo, concorrem para formar um modo de transmitir "a apologia da violação e a incitação à violência sexual", como se fosse uma prática sexual natural.

Uma enquete realizada em 1986 dentro das prisões nos Estados Unidos mostrou que a literatura pornográfica teve um papel determinante frente aos pensamentos e comportamentos da maioria dos pedófilos. Constatou-se que 40% dos crimes sexuais ocorreram porque havia uma estreita ligação da pornografia com a pedofilia, sendo que o contato com esse material estimulava a dependência, segundo Damián Anderson e Jean-Philippe Odent, autores do relatório da Federação das Mulheres pela Paz Mundial.

A pornografia produzida, distribuída e consumida na Alemanha, França, Dinamarca, Suécia, na Ásia e América Latina, por meio de fitas cassetes, CD-ROMs, DVDs, pretende alcançar o mundo inteiro. A prova definitiva e terrificante da relação entre pornografia e delitos sexuais está nos filmes pornográficos denominados de *snuff*. Esse vocábulo designa um gênero de filme, onde os atores (crianças e mulheres), após serem humilhados e torturados nas filmagens, são exterminados.

O debate sobre a influência da pornografia no comportamento carece de avaliações quantitativas, devido ao fato de o mercado do sexo ser poderoso e reciclado pelas máfias. Mas, o que já se sabe é que as crianças e adolescentes podem ser influenciados "e todas as imagens sexuais que eles vêem condicionam a direção que eles irão dar à pulsão sexual e, portanto, à afetividade".

Uma triste realidade constatada pela pesquisa da Universidade College Cork, na Irlanda, sobre as motivações e hábitos dos pedófilos mostrou que, apesar de as imagens serem de crianças em poses alegres e contentes, elas estão, de fato, drogadas e violentadas. A posse de imagens e a efetivação de um abuso têm criado polêmicas que alimentam argumentos, segundo os quais, a imitação aparece como um componente da "identificação" com o protagonista daquela imagem. As cenas, nesse caso, despertariam o desejo de realização das fantasias sexuais recalcadas.

Portanto, a vulnerabilidade das crianças no contexto real e virtual da pornografia deve servir de alerta para a sociedade, os educadores e os pais. No mercado do sexo, a troca de vídeos e revistas com atores mirins e anúncios dissimulados, numa linguagem preenchida por códigos que apenas os usuários conhecem, figura como uma atividade rentável e lucrativa, abastecida por produtos de alto valor comercial.

Em função disso, se conclui que as vítimas de abuso sexual na infância podem, mais tarde, perpetrar os crimes aos quais foram submetidas, em maior grau, caso a pornografia infantil represente para o "ator" a possibilidade de ele se desatar das amarras da inibição sexual.

Entre as várias maneiras de abordar os conceitos de exploração comercial e sexual da infância, cabe destacar a pedofilia real, que se estende desde o ponto de vista do contato carnal com a criança até atingir, em outro extremo, a pedofilia virtual, como forma de representação da sexualidade perversa polimorfa na pornografia infantil.

Os exploradores do sexo, produtores (pornógrafos e editores), distribuidores (publicitários que trocam imagens) e coletores de pornografia infantil (incluindo os pedófilos e curiosos) formam um conjunto de pessoas que tentam tirar proveito do mercado sexual infantil.

O ato pedófilo constitui uma parte visível desse *iceberg*, de modo que não devemos focalizar a atuação dos pedófilos como os únicos exploradores. A pedofilia real e virtual engloba, também, os molestadores de crianças, cuja intenção seria a de fomentar a prostituição, além de tornar as representações da "inocência" infantil em pornográficas, que varia segundo o uso da imagem. A utilização desse material (fotos, vídeos etc.) tem a finalidade de abolir a inibição e desencadear a expressão artificial do desejo sexual infantil.

Uma das dificuldades conceituais do ato pedófilo, segundo o relatório da Unesco, *Pedophilie Etat des Lieux,* de 1999, concerne em entender o âmago da "ambigüidade do pedófilo, com álibis pseudo-afetivos e subterfúgios profissionais, assim como a ambigüidade da vítima que pode oferecer um consentimento aparente". Esse duplo *status* representa tanto o aspecto legal, a infração, como a forma patológica que exprime tal preferência sexual.

Nesses casos, a ação da justiça se mostra central porque permite que sejam impostas medidas de controle social. Por outro lado, isso se completa com medidas terapêuticas. A possibilidade de o pedófilo ser reconhecido como doente pela justiça e por ele mesmo é a condição básica do tratamento, pois, na formulação de Claude Balier (1997), psicanalista e chefe do serviço médico e psicológico da Casa de Detenção de Varces, na França, o pedófilo "sofre freqüentes trocas de personalidade".

Em diversos serviços de psiquiatria e psicologia pericial foram demonstrados que nos antecedentes históricos desses sujeitos constava o abuso sexual, na primeira infância, na maioria dos casos. A hipótese diagnóstica de que uma lembrança, a recordação de alguma imagem ou a figuração de agressão sexual, evocada pela difusão pornográfica, tenha efeito sobre o pedófilo não deve ser descartada. Desse modo, a lembrança deixaria de ser apenas mental, fantasmática, narcísica e virtual, quando o sujeito se identifica com o personagem atuante da pornografia.

Assim, a pornografia infantil registra, no imaginário, o ato pedófilo legitimando e legalizando, entre os pares, um *modus vivendi*. A perniciosidade da pornografia afeta e põe em movimento o desejo sexual por menores e coloca a criança no campo das formas rudimentares de satisfação do auto-erotismo. Isso significa que, para o adulto a pornografia infantil funciona como detonador de processos recalcados, mal resolvidos e, às vezes, insolúveis.

De maneira geral, as crianças vitimizadas pelo abuso sexual devem receber prioridade no atendimento e encaminhamento para uma psicoterapia, em vista do desamparo. O pedófilo, reconhecido como um criminoso de "natureza sexual" díspar, sofre transtornos da preferência sexual, nos quais a pedofilia se enquadra.

Mesmo que seja uma prática ilícita, o ato pedófilo resulta de uma organização edipiana comprometida. As motivações e as perturbações graves dissimuladas no inconsciente, constituem um terreno desconhecido sobre os processos psicológicos em jogo. Desse modo, tende-se a reduzir a lei simbólica à norma, demonstrando ser a sanção penal a única maneira de resguardar a tentação do desejo.

Todavia, se os pedófilos pudessem receber tratamento psicoterápico nas prisões públicas, poderíamos ter alguma esperança de mudar esse quadro? Se o ato pedófilo significa a transfiguração real da fantasia sexual do adulto, de tal modo que ele decide realizá-la com uma criança, então, valeria a pena investigar, por meio dos relatos de casos, o determinante causador do ato pedófilo.

Até o momento, o estudo da pedofilia parece incipiente em termos teóricos e práticos, exceto em alguns países europeus onde, em vista do crescente número de crimes de pornografia eletrônica e de estupros seguidos de assassinatos de crianças, as pesquisas avançam conforme a demanda judicial. A prioridade da luta contra a recidiva na pedofilia, em especial na França e na Inglaterra, consiste na prevenção por meio de tratamento, supervisão e vigilância, após a soltura da prisão, pelos organismos competentes. Assim, o pedófilo teria a chance de saber porque age, uma vez que ele sabe e tem consciência do que faz.

CAPÍTULO 2

As primeiras suspeitas na Europa

Há muitos séculos que a pedofilia representa um tema tabu para a maioria das pessoas e isso se reflete no modo como o assunto é tratado. O silêncio, a falta de credibilidade nas crianças e a negação da sexualidade infantil criam um clima de vergonha e medo frente ao mundo da pedofilia. Como conseqüência, os pedófilos ficaram protegidos durante muitos anos, tanto pela complacência de uns como pela recusa de outros. Poucos eram os casos que chegavam ao tribunal, enquanto outros apenas formaram um aglomerado de vozes e denúncias esquecidas.

Em 1970, foi lançado, no mercado editorial, o primeiro guia turístico especializado para homossexuais, chamado *Spartacus*, de autoria do britânico John Stamford (2006). Mais de 150 países receberam a tradução da obra, cujo conteúdo apresentava diversas informações em linguagem dissimulada, que só os pedófilos podiam decodificar e interpretar.

Julgado por comercializar e incitar a exploração sexual infantil, Stamford acabou preso por um ano e, só em 1995, o sistema judiciário da Bélgica reabriu o processo, na tentativa de incriminá-lo, uma vez que ele encarnaria o "símbolo do flagelo internacional da pedofilia", segundo a revista *L'Express*. Nos anos anteriores, os tribunais franceses condenaram dois mil e trezentos pedófilos por atentado violento ao pudor e, de lá para cá, esse número aumentou, com a pornografia infantil eletrônica.

A lei do silêncio imposta aos abusados reflete a face do pudor coletivo, em razão do descrédito dos relatos da criança sobre os abusos aos quais foi submetida. Em geral, quando a criança vence o medo de testemunhar a violação, os adultos dão pouca atenção, chocando-se com tamanha "imaginação" dos menores. Mesmo com os ataques reincidentes de pedófilos, o pacto de silêncio costuma se perpetuar por muito tempo, em razão do escândalo e da vergonha sofridos pela família.

Quando julgados nos tribunais, os advogados encontram meios de livrar os abusadores, tirando proveito da ideologia das instituições, que costumam fechar os olhos e os ouvidos aos testemunhos de crianças. Contudo, com as numerosas denúncias de violação sexual infantil, o tabu da pedofilia, representado na figura da criança como objeto erótico do adulto, pôs frente a frente a sociedade e esse sintoma da cultura contemporânea.

As crônicas policiais expostas na mídia revelam que, na década de noventa, várias pessoas foram julgadas e condenadas com penas de mais de quinze anos de reclusão. Com regularidade, esses abusadores quase sempre têm profissões que lhe permitem estar em contato com crianças, como foi o caso de Vincent Maunoury, educador de 35 anos, que abusou de mais de quinze crianças ou o do treinador de futebol que estuprou uma criança de quatro anos, ambos na França.

Em razão da presença dos inúmeros crimes de pedofilia nos meios educacionais franceses, foi necessário criar um conselho de prevenção do abuso sexual infantil, no sentido de orientar tanto os alunos como os professores. Juízes e especialistas foram convocados pela mídia impressa e eletrônica a participar de campanhas que pudessem sensibilizar a opinião pública quanto aos riscos e perigos aos quais a infância vem sendo submetida. O Departamento de Justiça da França investigou mais de 200 pessoas, entre elas, padres e professores envolvidos nas redes de distribuição de vídeos e fitas de pornografia infantil e revistas, segundo matéria do jornal *Folha de S. Paulo*.

Nesse sentido, no tabu da pedofilia ressoaram os gritos de desespero das crianças e do medo patológico das marcas da violência sexual perpetradas pelos adultos. E não se pode mais tapar o sol com a peneira, ainda mais quando o próprio pedófilo aparece como "ator" de vídeos pornográficos infantis. Os abusadores assíduos gostam de se ver nos filmes e fotografias que eles mesmos produzem.

No ano de 1996, enquanto as autoridades empreendiam medidas eficazes de combate à violência sexual, o belga Marc Dutroux (Wikimedia-1) era preso pela polícia de Bruxelas "sob a acusação de ter praticado abuso sexual e matado meninas e adolescentes", duas de oito e outras duas de 17 e 19 anos. De acordo com o jornal *Folha de S. Paulo*, em 2004, morreram de desidratação e maus-tratos, no sótão da casa do criminoso. Ele também foi denunciado e reconhecido como organizador de uma rede de rapto de menores para atender às demandas sexuais de certa elite política belga. Esse episódio conduziu 350 mil belgas a uma marcha de protesto contra os pedófilos que torturam ou matam e contra o que consideravam o "pedófilo número um da Bélgica", de acordo com reportagem do jornal *O Estado de S. Paulo*, de 1998.

Os belgas protestaram porque estavam convencidos de que Dutroux contava com apoios políticos e judiciários, uma vez que havia liderado, durante anos, uma rede de exploração sexual infantil, em associação com outros países europeus. Dutroux (RFT, 2004) foi detido em 1996 mas só foi julgado em 2004.

A amplitude dos segredos de Dutroux, revelados aos poucos, mostrou o lado "exótico" e clandestino da pedofilia com os *resorts* do turismo e da prostituição infantil, na Tailândia e nas Filipinas, que colocavam, segundo a matéria, "os ricaços europeus em contato com as redes da Birmânia ou da Indonésia".

Dois anos após a prisão de Dutroux, "a polícia da Holanda descobriu uma das maiores redes internacionais de distribuição de pornografia infantil pela Internet, com provas de violações de bebês de um a dois anos de idade", segundo a *Folha de S. Paulo*. A denúncia foi feita pelo grupo belga Morkhoven (*FSP*, 1998), que milita contra a pedofilia e a pornografia infantil. Supõe-se que as crianças mostradas nos vídeos e fotos tenham sido dopadas antes, assim como podem ter sido alugadas "por famílias pobres ou talvez sejam filhos dos integrantes da rede de pedofilia". Segundo a fonte, as fotos mostravam cenas horripilantes de crianças amarradas, sendo estupradas pelos integrantes do grupo de pedófilos.

Essas investigações começaram em razão do desaparecimento, em 1993, de um garoto berlinense de doze anos de idade, que levou a polícia ao esconderijo das fitas e disquetes numa cidade litorânea holandesa. Os suspeitos e responsáveis pelo material apreendido deveriam ser identificados e reconhecidos nas imagens pornográficas.

Em Florença, na Itália, o assassinato de três crianças pelo aposentado Luigi Chiatti, de 68 anos, condenado várias vezes por pedofilia, gerou revolta na população, pelo fato de ele ter sido libertado por interpretação das leis italianas. Há anos, Chiatti praticava a pedofilia e, nem mesmo a prisão ou a pena privativa de liberdade, foi suficiente para dissuadi-lo de continuar praticando abusos.

A ocorrência de insultos, difamações e acusações por parte de autoridades policiais e denúncias anônimas produziram reações sociais de violência contra pessoas inocentes. O acontecimento foi comunicado pelo jornal *Libero*, do norte de Milão, que divulgou listas de nomes e endereços de supostos pedófilos. Uma série de equívocos com homônimos provocou revolta dos que se viram atingidos, a exemplo do que aconteceu no Reino Unido, resultando em protestos contra a pedofilia.

Na cidade de Gwent, do País de Gales, a palavra *pediatria* foi confundida com *pedofilia* e a casa de uma médica que atendia crianças foi depredada e pichada com o termo *paedo*, derivação do grego, *paidós*, que quer dizer criança. Vale lembrar que *paediatrus*, do latim, *paidagôgia* e *paiderastéia* do grego, são vocábulos formados pelo mesmo radical e que foram introduzidos na linguagem científica internacional, a partir do século XIX, segundo o dicionário etimológico de Antonio Geraldo da Cunha (1987).

As medidas de repressão tomadas pelos países europeus contra os crimes de estupro e assassinatos de crianças, acrescidos de pornografia infantil e maus-tratos psicológicos, são questões na ordem do dia. Essas questões freqüentam o palco de políticas punitivas e as penalidades que deveriam ser aplicadas. Alguns chegam a defender a castração química, enquanto outros propõem a legitimidade da divulgação de listas de nomes e também o isolamento definitivo, uma vez que o Estado liberta o sujeito depois de poucos anos de prisão e a reincidência costuma ocorrer.

A DÉCADA DE NOVENTA E DEPOIS

Até há pouco tempo, o estudo da pedofilia restringia-se ao campo da medicina legal e da sexologia forense. Na década de noventa, o assunto deixou de habitar o espaço privado para atingir o domínio público na mídia impressa e eletrônica. O acesso aos meios eletrônicos fez circular, de forma mais abrangente, as informações que mostram histórias verídicas de violação dos direitos da criança.

O modo como as notícias foram processadas pelas coberturas jornalísticas revelou, num primeiro momento, o caráter criminal do ato pedófilo como o foco central das investigações. Assim, os modos de dizer envolvidos no processo comunicativo das matérias de jornais, revistas semanais e páginas eletrônicas, funcionaram como alertas ao problema, apesar das inúmeras denúncias de suspeitas injustificadas.

Várias dessas suspeitas recaíram sobre o cantor Michael Jackson que, em 1994, foi processado por indícios de abuso sexual com garotos, fãs de música e freqüentadores da residência do cantor. O episódio pôs em evidência a "face" da pedofilia ao redor dos ambientes do *showbiz* da música pop americana. O documentário *Living with Michael Jackson*, produzido pelo jornalista inglês Martin Bashir (2003) revelou surpreendentes confissões a respeito do grau de intimidade que o cantor tinha com Gavin, um menino de 12 anos, freqüentador do Neverland Valley Ranch, residência de Jackson. Michael Jackson ficou sob investigação pela polícia depois desta receber uma denúncia de agressão sexual a um garoto de 12 anos.

Após pagar uma fiança de três milhões de dólares para não ficar preso, inúmeras histórias narradas pelos jornais e televisão, colocaram a vida íntima do cantor sob julgamento popular, enquanto se formalizava a longa escolha do júri para o julgamento pelo Tribunal. No início de 2005, mais de 140 testemunhas foram ouvidas a respeito das acusações de abuso sexual e comportamentos impróprios com crianças. Os doze jurados, por unanimidade, deram o veredicto de inocente a todas as acusações que pesavam contra Jackson.

No meio acadêmico, em 1997, aconteceu um outro escândalo com o ganhador do Prêmio Nobel de Medicina de 1976, Daniel Carleton Gajdusek, um dos chefes do Instituto Nacional de Saúde dos Estados Unidos, segundo matéria na revista *Veja* de 26 de fevereiro de 1997. Outra polêmica girou em torno do filósofo francês e professor da Universidade de São Paulo, Gérard Lebrun, acusado de crime de circulação de pornografia infantil e suspeita de pedofilia. Naquela ocasião, a comunidade científica se manifestou em defesa da integridade ética do filósofo, porém, o dano estava feito e instalado, chamando a atenção da opinião pública internacional. Poucos anos depois, ele veio a falecer, estigmatizado para sempre.

No ambiente literário, o escritor inglês Arthur C. Clarke, em 1998, quase deixou de receber o título de Cavaleiro do Império Britânico porque foi acusado de abuso sexual de adolescentes em Sri Lanka, lugar em que residia, conforme reportagem na *Veja* de 11 de fevereiro de 1998. Na matéria "2001, a infâmia", há um comentário do irmão do escritor, dizendo que "ele pode ter-se interessado por meninos há alguns anos" e outro, do amigo jornalista cingalês, Dayanade de Silva, afirmando Clarke por ter dito "que se sentia atraído pelos meninos do Sri Lanka por causa da pele escura e do físico esguio".

Bastante escandalizado, Clarke se defendeu na época, como sendo um homem que sofria de síndrome pós-pólio, doença que compromete os movimentos e o obriga a usar uma cadeira de rodas. Com oitenta anos de idade, afirmou que há vinte anos deixara de praticar relações sexuais. Três anos após a denúncia, a Corte inglesa lhe concedeu o título, dando a entender que as suspeitas de pedofilia eram inverídicas.

Padres católicos também foram alvo de denúncia de tais crimes, em vários lugares da Europa. No Sul da Inglaterra, a Igreja possui o centro de reabilitação, Our Lady of the Victory, para sacerdotes pedófilos, alcoolistas e homossexuais. A "terapia espiritual", praticada com os padres que cumpriam pena de prisão, passa por uma "lavagem cerebral que confronta as falhas humanas, derrubando tudo para construir outra vez", segundo matéria na *Folha de S. Paulo*, de 31 de agosto de 1997.

O centro de reabilitação foi fundado em 1945 pela ordem dos Servos do Paracleto, uma congregação religiosa masculina dedicada ao atendimento terapêutico de monges e padres que sofrem "dificuldades pessoais" e não conseguem se livrar das tentações da "carne fraca".

Em artigo publicado na *Folha de S. Paulo*, um padre descreveu a avaliação pela qual foi submetido, durante uma semana no Our Lady of the Victory. O padre disse que aquela foi a pior semana da vida dele e que as restrições à liberdade e às saídas da residência eram controladas e rigorosas. O dia-a-dia era pautado pela total devoção religiosa. Ele comentou que, nos últimos anos, a população de internos tinha aumentado, em virtude do problema da pedofilia estar mais exposto e afetar um número crescente de sacerdotes.

Para dar exemplo, o sistema judiciário francês tomou a decisão de condenar o padre René Bissey a dezoito anos de prisão, por abuso sexual infantil. O bispo Pierre Pican, de Bayeux, no norte da França, meses depois, foi indiciado por não ter denunciado Bissey à polícia quando soube, pela tradicional confissão religiosa, que ele podia ser um pedófilo. Os debates calorosos ao redor do episódio religioso puseram em cheque até que ponto o segredo da confissão clerical deve ser trazido a publico quando se trata da pedofilia.

No continente americano, a justiça condenou a diocese de Stockton, na Califórnia, Estados Unidos, a pagar uma multa de trinta milhões de dólares a dois jovens, vítimas de abuso sexual. No Brasil, em Atibaia, no Estado de São Paulo, outro padre foi acusado de atentado violento ao pudor contra menores.

A CULTURA DO ABAFAMENTO NA FRANÇA

Na Europa, o flagelo da pedofilia tem feito a festa libidinosa dos perversos. Da década de oitenta para cá, a França se confrontou com os testemunhos de ex-alunos de escolas primárias que, no passado, foram submetidos às cenas de exibicionismo, masturbação e sexo com antigos professores e padres. Sob enorme tensão, a escola e a Igreja revelaram o quadro negro da pedofilia, colocando às claras segredos guardados há mais de trinta anos.

Os relatos continham histórias de homens, adeptos da pedofilia, que seduziam crianças pela doçura e persuasão, induzindo-as ao silêncio próprio do abuso sexual infantil. Na maioria dos casos, os superiores hierárquicos tinham conhecimento dos fatos, pelas queixas que recebiam dos pais.

Uma pesquisa feita pelo Ministério da Educação da França, publicada em 1999, demonstrou que mais de 150 professores, a cada ano, eram acusados de algum tipo de violência contra menores. Mas, quando os diretores de escola ficavam sabendo, pouco faziam a respeito. Nenhuma referência sobre as inclinações pedófilas do professor constava dos processos administrativos abertos. O método de dissimulação usual consistia em transferir o professor para outro estabelecimento de ensino, fundando, com isso, a *culture de l'etouffement* (cultura do abafamento), silenciando as práticas pedófilas, conforme reportagem publicada no jornal francês *Liberation*, intitulada "L'ecole entrouvre ses placards", em 16 de fevereiro de 2001.

Dois casos escandalizaram os franceses. O do professor da escola primária infantil Cormeilles, Marcel Lechien, de 47 anos, que, desde 1989, aliciava os alunos sem barulho ou ruído. Durante a permanência de Leichen na escola, algumas queixas foram encaminhadas à diretoria mas nenhuma inspeção acadêmica ocorreu. Quando tudo estourou, em 2001, foi rompido o silêncio das vítimas e veio à luz a revelação de abuso sexual durante doze anos, de acordo com matéria publicada no *L'Humanité*, com o título "Pedophilie, les plaintes se multiplient — Cormeilles", no dia 15 de fevereiro de 2001.

Ou outro caso, de Jacky Kaisersmertz, de 62 anos, foi reconhecido por

72 pessoas e ele foi condenado a 18 anos de prisão por estupro e atentado ao pudor. Há mais de trinta anos, Kaisersmertz se aproveitava da função de professor para manter relações sexuais com os alunos, obrigando-os também à masturbação e à felação. Os fatos tinham sido revelados à Justiça francesa, em 1996, por uma das vítimas, o aluno Thierry Debain, que se suicidou aos 28 anos, pouco depois da denúncia. Kaisersmertz havia ingressado na escola Cosne-sur-Loire na década de sessenta e, desde essa época, só fez aumentar a lista de abusos sexuais de crianças. Achando que poderia se livrar desse insólito desejo, casou-se e teve dois filhos. Porém, os fatos demonstraram que ele sempre manteve essa duplicidade, como publicou o jornal *Le Monde*, dia 23 de março de 2001.

Os alarmes e rumores provenientes do meio escolar também atingiram em cheio a Igreja, com uma leva de denúncias sobre padres e pastores pedófilos. Artigos e entrevistas com as vítimas, divulgados pela mídia, expuseram numerosas histórias humilhantes de crianças. Aqueles que estavam lá para ensinar o catecismo, seduziam sem nenhum constrangimento.

A Igreja rompeu o silêncio diante da multiplicação de casos de pedofilia e, em novembro de 2000, os bispos franceses reuniram-se em Londres para manifestar a decisão de responsabilizar os padres acusados de abuso sexual infantil (*Libération*, 16 fev. 2001). O Vaticano declarou que "a pedofilia é um crime e não tem lugar na Igreja", disse o Papa João Paulo II, conforme reportagem da *Folha de S. Paulo*, de 24 de abril de 2002. Isso significou um desabamento do "muro do silêncio", em especial aos procedimentos sacerdotais do sigilo do confessionário.

À primeira vista, uma maneira de impedir que tais atos permaneçam encobertos seria a quebra do sigilo da confissão, resultando na excomunhão automática. O drama vivido pela Igreja resultou num questionamento das regras da confissão estabelecidas em 1547, no Concílio de Trento, como uma das respostas ao nascente Protestantismo. Confirmando que alguns bispos tinham conhecimento das ações de outros padres pedófilos, o peso na consciência dos padres ultrapassou os dogmas.

Situações adversas da violação do sigilo ocorreram com o bispo francês Pierre Pican, que se recusou a dizer no tribunal se tinha ou não conhecimento do comportamento anormal do padre René Bissey. Soube-se que, na época da confissão, Bissey foi afastado e encaminhado para outra paróquia e, em seis meses, passou a lidar com as crianças. Bissey acabou condenado a 18 anos de prisão por ter cometido abuso sexual em 11 menores, enquanto Pican foi condenado a três meses de prisão com direito a *sursis* — a primeira vez que um bispo foi punido pela Justiça, desde a Revolução Francesa, conforme o *Le Monde* de 5 de setembro de 2001.

O fato se repetiu com o padre Robert Berland, suspeito de praticar atos libidinosos com uma moça deficiente mental e de estuprar um garoto de 13 anos. Bob, como o chamavam os habitantes da vila de Quillan, nos Pirineus, na França, era considerado protetor dos pobres para uns e pedófilo para outros. Promovia estranhas brincadeiras com os garotos quando mostrava o pênis e distribuía dinheiro para os jovens. No inquérito, reconheceu ser homossexual, ter atração pelos jovens e por vídeos pornôs.

Os disfarces e as máscaras desses sujeitos mantiveram essas paixões como um segredo bem guardado por poucos. Graças à mobilização contra a pedofilia na França, novas queixas deram entrada nos tribunais e foram expostas pela mídia.

A MULTIPLICAÇÃO DAS NOTÍCIAS

Respectivamente em 2002 e 2005, a Andi (Agência de Notícias dos Direitos da Infância) em parceria com o Instituto WCF/Brasil e a Fundación Arcor, dedicou dois números de sua revista *Infância na Mídia*, às pesquisas intituladas "O Grito dos Inocentes" e "A Criança e o Adolescente no olhar da imprensa brasileira", destacando a cobertura da imprensa de casos de crimes de exploração e abuso sexual infantil. A investigação norteou a forma pela qual "os jornais tratam esse delito hediondo, se o fazem de forma espetacular ou com intensidade investigativa, se preferem o verniz policialesco ou a responsabilidade que o assunto requer".

Desde 1995, a imprensa desenvolveu uma visão mais aguçada dessas situações, aumentando a contextualização histórica e sociocultural dos fatos, tratados como fenômenos possibilitadores ou limitadores do desenvolvimento humano, segundo a pesquisa "O Grito dos Inocentes", realizada em 2001. Isso tende a ampliar o diálogo com a sociedade civil. Houve uma elevação modesta de 46 artigos e editoriais publicados nos jornais de 2000 para 2001, indicando um aumento da preocupação com o tema, irrelevante ainda, diante da presença real da violência infantil.

De acordo com a pesquisa, a cobertura dos principais jornais do país aborda o assunto com maior profundidade, diversificando as fontes de informação. A polícia figura como fonte principal dos noticiários, e a seguir o Judiciário, Ministério Público e das ONGs. Do material classificado, 95% são reportagens enfatizando o crime, o que reduz o espaço dos especialistas e dos acadêmicos da área de saúde e educação, além dos organismos internacionais.

Nessa linha, quando a mídia expõe a identidade dos envolvidos, costuma induzir "à prévia condenação social de suspeitos" e a visões preconceituosas sobre o ato pedófilo. Transmite também "a falsa idéia de que os crimes sexuais só ocorrem em famílias pobres", subentendendo que a exploração sexual vitimiza só as crianças pobres e excluídas uma vez que nas classes média e alta, as famílias evitam recorrer à polícia, buscando ajuda nas redes públicas de saúde ou em consultórios de especialistas.

Em relação aos agressores e suspeitos, em 25,5% das reportagens aparecem como de classe média; 16,4% pertencem a classes menos favorecidas; 7,3% compõem uma mais abastada e 0,8% restantes são moradores de rua. A mídia prefere destacar o delito, sobretudo quando o suspeito for alguém respeitável, de formação universitária. Com isso, dá para deduzir, então, que a pobreza não deve ser apontada como causa exclusiva, embora a falta das condições básicas de sobrevivência, serve de ambiente para o abuso sexual.

Outra constatação da pesquisa, diz respeito ao tabu da sexualidade que inibe e encobre a investigação do problema. Nos casos de abuso sexual intrafamiliar, o incesto está no centro do drama familiar junto com o sentimento de vergonha social. Nas matérias sobre abuso entre pais e filhos a palavra incesto, pouco mencionada, costuma ser substituída por estupro ou abuso sexual.

Essa abordagem do tema pela imprensa prejudica o entendimento do problema, uma vez que se enfatiza o ato criminoso em detrimento da causalidade psíquica do ato pedófilo. No que concerne ao comportamento editorial, em 54% das matérias são omitidos o nome do autor ou das agências das quais procedem as reportagens. O anonimato protege o autor das matérias e favorece o exercício de relatos sombrios e chocantes, cuja intenção consiste em provocar reações violentas e de vingança na população.

Enfim, a investigação concluiu que, "o noticiário isola o delito na memória do leitor, que desconhece as providências tomadas, ignora os impactos existenciais, familiares e sociais do crime, os mecanismos de prevenção e de atendimento. Resultado: o cidadão prossegue desmobilizado ante um problema que pode rondar a própria família".

Com isso, o processo comunicativo entre jornalistas e leitores põe em evidência a informação, "como elemento substancial" da comunicação, na definição da professora de comunicação e semiótica da PUC de São Paulo, Lúcia Santaella. Isso significa que, ao noticiar a denúncia, a mídia carece de preocupação com a "prevenção do delito e o atendimento dos envolvidos, que não ultrapassa um décimo das matérias sobre crimes sexuais" (Santaella, 1992; Santaella e Nöth, 1998).

Já o relatório de 2003/2004 (Vivarta, 2005) registra um ligeiro aumento de notícias e maturidade no trato com a violência sexual fornecendo indicadores de qualidade das matérias que citam o Estatuto da Criança e do Adolescente. Isso demonstra uma preocupação jornalística em fundamentar os fatos com a legislação vigente e atentar para a seriedade do problema. Outra novidade, diz respeito às fontes de informação, com um decréscimo percentual de vozes ligadas à polícia e um acréscimo das emanadas do "Executivo, das universidades e das mães de famílias".

Ainda segundo o relatório, três casos contribuíram para a expansão do debate: do cantor Michael Jackson, de Omar Aziz, vice-governador do Amazonas, pelo PMN (Partido da Mobilização Nacional); e de Benício Tavares, deputado distrital da Câmara Legislativa do Distrito Federal, pelo PMDB. Apesar do veredito de inocência de Michael Jackson, as denúncias fortaleceram a discussão pela sociedade civil. A cobertura da imprensa nacional dobre os casos de Omar Aziz, citado e retirado pela Comissão Parlamentar Mista de Inquérito como aliciador de adolescentes em Manaus, e de Benício Tavares, acusado de participar de uma rede de exploração de menores, no Amazonas, trouxeram maior visibilidade às políticas públicas de defesa da infância.

Crianças sobreviventes na *confusão de línguas*

Inúmeras reportagens sobre violência sexual, na mídia internacional e nos dossiês encontrados nos *sites* de ONGs, mostram histórias de vítimas que sobreviveram a uma vivência traumática. As crianças ficam traumatizadas pelo medo e pela vergonha e, em geral, sofrem vários sintomas, tais como depressão, dificuldades na aprendizagem e até tentativas de suicídio. O atendimento clínico, consiste na defesa dos vitimizados, preparando-os para enfrentar as questões ligadas ao trauma sexual.

A literatura especializada que se preocupa com a população infantil abandonada e maltratada, distingue "dois processos fundamentais de produção de crianças vítimas", segundo a educadora e advogada Maria Amélia Azevedo. O "processo de vitimação" resulta da violência e das desigualdades econômicas e estruturais da sociedade, pelos quais os menores acabam vitimados pela pobreza ou pela ausência de educação e assistência à saúde (Azevedo e Guerra, 1998).

O "processo de vitimização" compreende a violência interpessoal e é um fenômeno microssocial que se assenta nas circunstâncias em que se considera o poder do adulto sobre a criança, a fim de satisfazer interesses e paixões. No entanto, no que tange a esse processo, as crianças de todas as classes sociais podem ser objeto de abuso sexual no interior da família, independentemente do grau econômico, de acordo com a assistente social Viviane Nogueira de Azevedo Guerra.

A criança vitimizada encontra no tratamento psicoterápico um lugar de escuta, de modo que ela possa exprimir os conflitos e os medos, além de relatar as histórias sobre a situação traumática. Apesar do estigma que envolve a vitimização, devemos situar a criança, no tratamento, para além do lugar enunciativo do trauma, como sobrevivente do abuso sexual.

As formas de sobreviver ao trauma sexual podem deixar enormes seqüelas, por exemplo, fechando-se em si mesma e com vergonha de revelar o que se passou na cena de abuso. A resistência e a dificuldade de dizer o que aconteceu têm o propósito de proteger o eu do risco de desintegração, sendo este testemunha passiva do ato pedófilo.

Das técnicas de atendimento clínico, a resiliência se destaca por enfocar a escuta sob a enunciação do sobrevivente do abuso. Considera que a criança pode sobreviver ao abuso sexual e se fortalecer, mesmo na presença de dificuldades. Bastante empregada na intervenção clínica de alguns centros dedicados à infância, a técnica considera os condicionantes que atenuam os efeitos negativos, enfocando a criança mais "em termos de potencial em vez de fatores de risco", segundo Antonio Augusto Pinto Junior (2001), psicólogo e coordenador do CRIA - Centro de Referência à Infância e Adolescência de Guaratinguetá. Nesse contexto, leva-se em conta a superação e a transformação do conflito que não só recuperam da experiência traumática mas também daquelas com as quais se defrontou com o agressor.

Confusão de línguas entre adultos e crianças, uma expressão cunhada pelo psicanalista húngaro Sàndor Ferenczi em 1933, designa a idéia do trauma freudiano na situação de abuso sexual de crianças, tanto do ponto de vista da realidade, como também na maneira com qual a criança lida com a fantasia da sedução vivida na primeira infância. No início, trata-se de entender porque as seduções incestuosas por parte de pais, tios e irmãos se confundem com as brincadeiras infantis, a ponto de o adulto achar que a criança se deixa levar a atos sexuais como se fosse um ser maduro (Ferenczi, 1988).

De maneira habitual, a criança estabelece uma ligação lúdica e de ternura com os adultos, na linha do amor e da confiança. Quando está vulnerável, responde às investidas do adulto com medo, até o momento em que se submete à vontade do agressor, de modo automático. O agressor que "tem uma predisposição psicopatológica", segundo Ferenczi, crê na maturidade emocional e sexual da criança e se engaja numa perigosa e velada ligação autoritária e erótica com ela.

Como conseqüência, o sentimento de inocência sofre um brusco golpe e se transforma num sentimento de vergonha e ressentimento. Ferenczi dizia que "o agressor se comporta como se não fosse nada e se consola com a idéia: é apenas uma criança, ainda não sabe nada, esquecerá tudo isso". A criança torna-se, ao mesmo tempo, inocente e culpada e, por isso, demonstra uma "excessiva obediência" perante a ordem do outro.

Isso significa que a "hiper-submissão pode levá-la a ter de adivinhar o desejo do agressor e a um esquecimento de si mesma até que o agressor passa a estar dentro, como realidade intrapsíquica, apagando-se o de fora" conforme a definição da psicanalista e filósofa Renata Udler Cromberg (2001). Identificando-se com o agressor, a criança demonstra que nada aconteceu, para ele não ficar com raiva ou bravo, preservando assim a ternura vivida antes. Por dentro, sente-se como se fosse o agressor, com sentimentos de culpa associados às fantasias sexuais inconscientes.

A descrença social na veracidade das histórias infantis contribuiu no sentido de preservar o mito da inocência e o fundamento legal, determinado pela condição de *inocencia consilli*, traduzida por completa falta de ciência em relação aos fatos sexuais, segundo Jefferson Drezett (2002). Minimiza-se o caráter comprometedor existente entre as fantasias sexuais infantis e a percepção imaginária da criança relativas aos jogos sexuais dos pais. Quando questiona a existência humana, a criança expressa nos conflitos edípicos algo que ela não sabe ou não pode dizer, como se estivesse impedida de estabelecer relação entre a verdade e o saber.

Na primeira infância, o interesse pelos órgãos genitais e pela atividade sexual adquire uma significação dominante, de tal forma que as crianças se ocupam em reproduzir a vida sexual dos adultos nos jogos infantis. O que antes passava por uma brincadeira inocente entre elas, a história recente mostrou como alguns adultos se aproveitam disso, elegendo a criança como um brinquedo erótico.

Charles Dodgson no país das maravilhas

A busca pela inocência — produzida por uma inquietação no adulto que, por razões diversas, encanta-se quando a reconhece nas crianças — levou escritores, poetas, artistas e fotógrafos a demonstrar, em obras, a ardorosa procura pelo ser pueril. Charles Dodgson, conhecido por Lewis Carroll, passou a vida buscando na beleza da infância, a elegância da inocência.

Um dos biógrafos de Carroll, Morton Cohen (1995), afirmou que o autor de *Alice no País das Maravilhas* tinha "um dom especial para entender as crianças e ser muito amado por elas". Não é por menos, pois desde que escreveu *Alice*, Carroll nos conduziu para um raro país, uma terra exótica, onde os habitantes fascinavam as crianças e os adultos que passavam por lá. Era assim que ele conquistava as futuras amigas, contando histórias, ensinando jogos com demonstrações matemáticas e fazendo teatro de fantoches e de artistas amadores. Sempre atento às belezas que encontrava, dedicou-se também a fotografar, passatempo bastante popular em meados do século XIX.

Carroll fotografava paisagens, esculturas e pessoas, buscando sempre modelos que valessem a pena, com preferência por modelos infantis. O talento dele com a fotografia foi reconhecido pela sociedade de Oxford e pelas rodas seletas de Londres. Famílias inteiras se ofereciam para posar diante da câmera do contador de histórias e, com isso, ele tinha a oportunidade de "desenvolver uma amizade profunda e sincera com lindas meninas, puras e espontâneas". Por volta de 1855, Charles Dodgson assumiu a cadeira de professor no colégio do pai e, lá, conheceu "simpáticas criancinhas", despertando nele, a veia criativa e literária.

Naquela época, tirar uma fotografia representava um exercício de muita paciência e dedicação mas as crianças participavam com extremo interesse. Desde escolher o figurino e os acessórios, as "modelos" ficavam encantadas com o equipamento fotográfico e com o lado mágico das histórias contadas por ele. Aos 35 anos, Charles conhecia a técnica fotográfica como poucos e preparava com esmero o cenário onde "as modelos com os mais diversos tipos de vestimentas — roupas esfarrapadas, trajes de festas ou fantasias — e sem roupas", se mostravam.

Passou os treze anos seguintes fotografando nus infantis, às vezes, em longas sessões no estúdio e, quase sempre, com a autorização dos pais. Sabe-se que vários negativos de estudos do nu infantil foram destruídos pelo próprio Dogson e apenas quatro sobreviveram. Num desses, Carroll refere-se à foto de Annie e Frances Henderson como náufragas, dizendo que "a inconsciência inocente é muito bonita e inspira uma certa reverência, como se estivéssemos diante de algo sagrado".

Segundo Cohen, Carroll "achava que as meninas personificavam a essência do romantismo: admirava aquela beleza natural; valorizava as declarações espontâneas; apreciava a ilimitada inocência; e dedicava o tempo, energia e imaginação a entretê-las e edificá-las", enfim "as idolatrava". Depois de ter sido uma das primeiras pessoas a fazer fotografias artísticas e um dos melhores fotógrafos de crianças do século XIX, vozes surgiram suspeitando de que aquele homem solteiro, que tinha uma vida reclusa entre os muros de uma universidade, desejasse algo sexual com elas.

Havia na Inglaterra vitoriana, refletida na literatura da época, uma aclamação à beleza e à pureza virginal das meninas e, desse modo, a inclinação e atração pelas garotas, concerniam à esfera afetiva. Martin Gardner (2002), comentador de *Alice*, falou da questão ao mostrar de que maneira Carroll se distingue de Humbert Humbert, personagem narrador de *Lolita* de Vladimir Nabokov. Para Gardner, "as menininhas de Carroll o atraíam porque ele se sentia a salvo com elas".

As brincadeiras que fazia quando "encerrava as cartas, mandando-lhes dez milhões de beijos ou 4 3/4% ou dois milionésimos de um beijo", revelam que o contato físico se dava quando as beijava. Com freqüência, escrevia para as mães das meninas, justificando-se com humildade e senso religioso, não constando, entretanto, que ele fosse além do que era permitido, nas ligações que mantinha com elas.

PRISÕES POR USO DE PORNOGRAFIA NO BRASIL

A primeira prisão, no Brasil, por crimes de pornografia infantil na Internet aconteceu em outubro de 1998, quando a Polícia Federal, com o apoio da Interpol, prendeu o gerente de supermercado Luís Marcelo dos Santos em flagrante, na cidade de Itatiba, interior de São Paulo. Eram dez horas da manhã quando foi surpreendido pelos policiais, no momento em que distribuía para os clientes cadastrados, pelo computador, as imagens pornográficas, segundo relato na *Folha de S. Paulo*.

O codinome que ele usava para passar, via *online*, as imagens de cenas de sexo explícito de crianças de três a cinco anos, era Zeugma. Segundo o dicionário Aurélio, do grego, zeugma significa "junção; figura pela qual uma palavra, expressa em determinada parte do período, é submetida em outra(s) parte(s) posterior(es) ou anterior(es) àquela". Em síntese, esse sujeito se apresentava como alguém que tinha ao alcance das mãos o objeto de prazer sexual.

A mais nova diversão sexual na Internet foi assimilada por outros canais e, com isso, o Ministério da Justiça inaugurou um serviço telefônico de denúncia contra os crimes de exploração sexual infantil eletrônica. Zeugma foi indiciado com base no artigo 241 do Estatuto da Criança e do Adolescente e preso sem direito a fiança. Três meses depois foi libertado para aguardar julgamento. Outros seis inquéritos simultâneos eram investigados pela Polícia Federal, no mais absoluto sigilo, numa operação de combate que já durava um ano de investigações. Contudo, a notícia de que o pioneiro fora libertado ficou ofuscada por uma outra, que dizia respeito à prisão do biólogo e monitor de acampamento Leonardo Chaim.

Parece estranho que o preso Zeugma tenha conseguido se livrar da prisão, mesmo sendo réu primário, pois a primeira matéria do jornal sobre a prisão dizia ser esse crime inafiançável, por se enquadrar na Lei dos Crimes Hediondos. Mais uma vez, a opinião pública não foi esclarecida sobre o paradeiro do gerente de supermercado e a atenção foi deslocada para o caso do jovem biólogo.

No entanto, a caça aos pedófilos na Internet foi intensificada pela polícia.

No final de 1999, sob a coordenação do Promotor de Justiça Romero Lyra (2001), a operação batizada de Catedral-Rio, numa referência à operação internacional Catedral, organizada um ano antes, apreendeu equipamentos de informática de 27 pessoas, na região metropolitana do Rio de Janeiro. Em São Paulo, as investigações levaram a diversos suspeitos, um deles dono de uma locadora de vídeos, enquanto outros acusados eram economistas, médicos, bancários etc.

O material pornográfico apreendido na operação era de origem americana e européia, proveniente de uma antiga organização pedófila — Orchild Club — cujos integrantes eram os remanescentes da máfia comandada por Marc Dutroux, o mais notório pedófilo da Bélgica.

Em 1998, foi descoberto um endereço da Universidade de São Paulo na Internet que tinha fotos pornográficas de crianças. As imagens eram geradas no computador da Escola Superior de Agricultura Luiz de Queiroz, pelo analista de sistemas Milton Cesar Ribeiro, de 28 anos, há nove trabalhando naquele departamento. Segundo matéria da revista *Veja*, o acervo contava com "574 imagens de apelo sexual, identificadas por números ou códigos como Kids, Animal ou Teen, incluindo bestialismo e pedofilia".

O que impressiona nessas histórias é que a pornografia infantil encontra-se alojada em computadores de instituições acadêmicas, em órgãos públicos, como em outro caso de um funcionário flagrado na Secretaria da Saúde de São Paulo, além de outro que mantinha um endereço para discussão sobre pedofilia nos aparelhos eletrônicos da Unicamp — Universidade de Campinas.

As bancas de jornais e revistas do centro de São Paulo, também foram alvo de buscas policiais. Em algumas, foram encontradas fitas de vídeo de fabricação nacional, com cenas de pré-adolescentes seduzidas e forçadas a representarem poses eróticas e sensuais, de acordo com o jornal *Agora* de março de 1999.

Cinco meses depois do primeiro flagrante em Itatiba, o vendedor e bacharel em direito Osvaldo Durante, de 41 anos, foi o terceiro preso, depois do gerente de supermercado e do monitor de acampamentos. Na época, Osvaldo Durante era casado, com uma filha de nove anos e vivia em Mogi-Mirim, no interior paulista. Era conhecido por todos como um homem exemplar e brincalhão. Ninguém da família suspeitava desse lado perverso em relação às crianças. Seis fitas de vídeo pornográficas, com ele "praticando sexo oral e anal com crianças e adolescentes entre nove e dezesseis anos", mostravam cenas surpreendentes. Em depoimento à polícia, ele declarou que "abordava os adolescentes e crianças por *hobby* e assim realizava as fantasias" como revelou a *Folha*.

As irmãs G.C.S., de onze anos, e D.C.S., de dez, quase vítimas das tendências de Durante, conversavam com ele pelo telefone quando a mãe ouviu, na extensão, o convite para tirarem fotos e serem filmadas. No dia seguinte, chamou os investigadores, que escutaram de novo o convite do vendedor às crianças, levando-o à prisão numa cela especial da cadeia do município paulista de Estiva Gerbi. O jornal *Agora* publicou a reportagem: "Garota de 12 anos foi ameaçada de morte para não contar nada".

Outra vítima de Durante, T.L., contou em entrevista aos jornalistas que foi trancada na copa de casa e, enquanto assistiam ao filme pornográfico de uma moreninha, ele passando as mãos nos seios e na vagina de T".

Apenas nesse contexto, a polícia suspeitou que mais de vinte crianças e adolescentes tenham sofrido abuso sexual, ao passo que outros crimes idênticos iam surgindo nas manchetes dos jornais. Sem exceção, em todos os casos de abuso sexual infantil, a pornografia comparece, seja para provocar a curiosidade da criança ou o desejo sexual do adulto e, assim, servir de registro testemunhal do ato pedófilo.

Em março de 1999, o empresário goiano Carlos Alberto Guerreiro do Valle, de 53 anos, conseguiu escapar do flagrante na própria casa e hoje é um dos mais procurados por polícias de todo o mundo. Carlos Alberto costumava receber a garotada, amigos do enteado. Lá, produzia e copiava fotos de pornografia infantil e vídeos de cenas de sexo entre crianças, incesto e homossexualismo, segundo matéria divulgada pela revista *Isto é* em 2004.

Em março de 2002, o País assistiu ao espetáculo promovido pela mídia sobre o caso do médico pediatra, Eugênio Chipkevitch, que molestava adolescentes com mais de 14 anos de idade, no consultório. Eles eram sedados com Dormonid, um remédio vendido apenas para hospitais e não para médicos. O fato curioso do assunto, é que o doutor Eugênio filmava as atuações libidinosas com os jovens sedados e, por algum acaso do destino, as fitas foram encontradas em uma caçamba de lixo. Assim os registros dos abusos sexuais constituíram prova concreta dos atos cometidos.

Chipkevitch, um especialista conceituado, era requisitado a dar entrevistas e opiniões sobre a saúde dos adolescentes para revistas especializadas. A vida secreta do médico virou notícia nacional, a ponto de a mídia enaltecer e transformar o médico num "espetáculo digno de altos índices de audiência", como comentou o jornalista Gustavo Amorim (2004) em trabalho de conclusão do curso de Especialização em Jornalismo, Educação e Ciência da PUC de São Paulo. De médico, passou a ser "monstro", "pedófilo" e "maníaco sexual", aproximando a opinião pública, mais uma vez, ao tema da pedofilia. Explorou-se ao máximo o assunto, de modo que as designações pejorativas estampavam reportagens com informações dúbias e ambíguas sobre as causas da pedofilia.

Um ano depois, Chipkevitch, aos 48 anos, foi condenado a 124 anos de reclusão por 11 crimes de atentado violento ao pudor, corrupção de menores e dez infrações ao artigo 242 do Estatuto da Criança e do Adolescente: filmar ou fotografar cenas de sexo explícito ou pornográfico envolvendo crianças ou adolescentes.

Anjos proibidos de Leonardo Chaim

A Internet serve de palco para a pornografia infantil e a pedofilia pode ser vista nos catálogos de CD-ROMs, com *sites* e endereços eletrônicos. Um desses *sites* veio a conhecimento público por se tratar de uma denúncia feita pela Abrapia à Polícia Federal. O *site* Anjos Proibidos era mantido pelo biólogo e monitor de acampamento Leonardo Chaim, que fora preso sob a "acusação de praticar pedofilia e tráfico de material pornográfico infantil", conforme reportagem na *Folha de S. Paulo* de janeiro de 1999.

Chaim produzia fotos e filmes de meninos, com idade entre dez e doze anos, que passavam temporadas em acampamentos. Esses filmes, feitos pelo monitor, mostravam cenas dele fazendo carícias sexuais em meninos adormecidos. Foram encontradas no carro de Chaim treze fitas de vídeo que ele colecionava, desde 1992, "para ter uma lembrança dos meninos de quem gostou".

O *site* Anjos Proibidos, segundo a matéria da *Folha*, intitulada "País vira produtor de pedofilia na Internet", mostra exemplos de páginas na *web* que fazem alusão à pedofilia. A matéria também destaca que o primeiro detento brasileiro por pedofilia na Internet havia sido solto na mesma época em que Chaim era preso em Atibaia, interior de São Paulo. Em síntese, a última semana do mês de janeiro de 1999 deu início à popularização do termo pedofilia em território nacional.

Era a primeira vez que, tão perto de nós, alguém cometia o ato pedófilo registrado nas fitas de vídeo com os filhos da classe média paulistana. Aliás, alguns pais reconheceram e identificaram os filhos nos filmes de Chaim, enquanto o Ministério Público decretava total sigilo nas investigações. Em outra parte, a matéria "Advogado diz que preso tem desvio" esclarece que Chaim não tinha capacidade de entender o que fazia e devia sofrer de uma provável doença mental. O advogado se baseava no laudo psiquiátrico do neurologista e psiquiatra Wanderley Manoel Domingues, que o tratava desde 1992 e atestava ser o paciente "um esquizóide grave".

Na opinião de outro especialista e professor da Unicamp, Maurício Knobel, a "pedofilia, uma alteração psíquica grave e perigosa, pode ter origem orgânica ou num trauma infantil; ao mesmo tempo, eles, os pedófilos, têm plena consciência do que fazem". Contrário à afirmação do médico particular de Chaim, ele menciona que, na pedofilia, o indivíduo sofre desvios na personalidade quanto à orientação sexual, definição que aponta para os fenômenos imaginários da patologia.

O mundo imaginário da pedofilia *online* desnuda os jogos e as brincadeiras que são iscas de sedução para atrair um número maior de navegadores e anônimos reunidos em salas de bate-papo. Há os que se sentem atraídos por meninos e se intitulam *boy lovers*, aglutinando diversos grupos de homossexuais que defendem a ligação amorosa com pré-adolescentes e adolescentes. Contudo, os adultos seduzem o jovem púbere sob a alegação de que houve total consentimento do menino, ao contrário do que ocorre com as crianças menores.

No *site* Anjos Proibidos, os *boy lovers* eram apresentados como um grupo que tenta legitimar essas inclinações com liberdade. Os *boy lovers* distinguiam-se dos pedófilos, estupradores e molestadores, julgando que a infância seria o melhor período para praticar atos libidinosos com os adultos mais experientes.

Dessa forma, Leonardo Chaim se define como um *boy lover* porque sabia que não era normal a tentação experimentada porém não conseguia controlar o impulso. A fascinação de Chaim por meninos iniciou-se aos onze anos e, aos treze, ele começou a tirar fotos e guardar. Apesar da manifestação do desejo homoerótico na pré-adolescência, negou ter sofrido qualquer tipo de abuso sexual na infância. Outra característica diz respeito à exclusividade do objeto do desejo sexual de Chaim, pois seduzia apenas meninos na faixa de idade de dez a doze anos.

Nada mais se soube sobre o monitor de acampamento, deduzindo-se que o segredo de justiça emanado do Ministério Público fez com que todo o episódio caísse no esquecimento banal.

CAPÍTULO 3

As parafilias: herdeiras das psicopatias

As psicopatias surgiram no campo jurídico como crimes de violência sexual, de assassinatos sádicos e estrangulamentos de mulheres, além de uma série infindável de delitos registrados nos anais do criminalismo. As psicopatias e os atentados sexuais refinados, com carnificinas e complexos disfarces evocam, ao mesmo tempo, horror e curiosidade, ao formar a trama da saga trágica, porém misteriosa, dos crimes de perversidade.

A psicopatia refere-se às práticas eróticas incomuns, por se tratarem de pessoas que procuram dominar a outrem, com a intenção de gozar com o corpo da vítima. Apenas nos séculos XIX e XX, especialistas e médicos tentaram classificar as doenças mentais abrigadas nos crimes sexuais, esforçando-se por encontrar as causas dessas anomalias. O extremismo de certas condutas desviantes da norma jurídica e o quadro descritivo das perversões sexuais colocaram em relevo modalidades conhecidas desde a Antigüidade.

A investigação histórica da conceituação clínica das personalidades patológicas teve início com a doutrina das degenerações nervosas do psiquiatra austríaco-francês Benedict Morel (1809-1873), depois desenvolvidas pelo psicopatologista Valentín Magnan (1835-1916), que suprimiu o elemento religioso e acentuou os aspectos neurobiológicos e hereditários da doutrina. As degradações da espécie e as enfermidades mentais eram consideradas propriedades essenciais de personalidades psicopáticas. Aos poucos, essa noção foi abandonada e a escola alemã, liderada por Emil Kraepelin (1856-1926), orientou as novas descobertas ao definir que nas "constituições psicopáticas" ocorreria um estancamento do desenvolvimento mental, resultando nos estados mórbidos e patológicos. Em seguida, o médico suíço Paul Eugen Bleuler (1857-1939), mentor de Carl Gustav Jung (1875-1961), retomou o conceito e o rotulou de psicopatia, definindo assim as chamadas aberrações sexuais.

Outros trabalhos sobre as psicopatias sexuais, realizados pelos psiquiatras Richard von Krafft-Ebing (1840-1902) com a *Psychopathia Sexualis*, em 1886, e Henry Havelock Ellis (1859-1939) com os *Estudos de Psicologia Sexual*, em 1904, mostraram e sistematizaram os mais notáveis e complicados tipos de perversões. Devemos reconhecer o mérito desses autores que descreveram o repertório da vida sexual daquela época.

Mas foi Sigmund Freud quem melhor focalizou o que teria passado desapercebido aos olhares dos estudiosos e pensadores da matéria. Para explicar o desenvolvimento da sexualidade, ele seguiu as pegadas das elaborações daqueles autores, dissecando os amálgamas da pulsão sexual para descrever uma lógica do funcionamento psíquico das perversões, nos *Três Ensaios para uma Teoria da Sexualidade*, em 1905. Freud formalizou a teoria sexual infantil, embasada na análise dos fenômenos cruciais da primeira infância, atingindo o âmago da questão ao levar em conta as transformações da libido.

Sob a influência freudiana, a psiquiatria estabeleceu os paradigmas classificatórios das doenças mentais. Desde então, as divisões e classificações das psicopatias ou perversões sexuais, sofreram transformações e, sob novas nomenclaturas, modificaram o pensamento nosológico da enfermidade, denominada de parafilia, que seriam os desvios sexuais de repercussões civis e criminais.

No *DSM — Manual Diagnóstico e Estatístico de Transtornos Mentais* (APA, 2002), elaborado pela American Psychiatric Association, em 1952, os desvios sexuais eram considerados como um distúrbio sociopático da personalidade, um quadro que elegia o homossexualismo como parte integrante das parafilias. O DSM sofreu quatro revisões, sendo que a homossexualidade foi substituída por homossexualidade egodistônica e colocada em outra categoria, os transtornos da identidade de gênero.

As parafilias, colocadas entre os transtornos da preferência sexual, incluem a pedofilia, necrofilia, zoofilia, fetichismo, sadomasoquismo, exibicionismo, travestismo e bolinagem ou frotteurismo. Os transtornos da personalidade anti-social compreendem comportamentos psicopáticos e sociopáticos de sujeitos que violam, com muita freqüência, as regras e a convivência pacífica, impondo a eles mesmos, um modo de lidar com o mundo externo por meio da crueldade e da violência.

A Organização Mundial de Saúde, os representantes e peritos em classificação das doenças mentais, de comum acordo, coincidem num ponto central quanto à etiologia dos transtornos da personalidade e do comportamento do adulto: que as fantasias sexuais gravitam e circundam a subjetividade dessas psicopatologias.

Segundo o psiquiatra americano Jon Meyer (2006), as parafilias integram as chamadas perversões sexuais e os desvios em relação à conduta sexual. O centro de interesse na parafilia se caracteriza pela "qualidade ou natureza incomum do objeto sexual", podendo ser um objeto inanimado, como um sapato, espartilho, meias e vestes íntimas ou partes do corpo humano como o cabelo ou o nariz, além de animais, pessoas e crianças. Os desvios sexuais são representados pelos comportamentos bizarros, esquisitos e horríveis, de indivíduos peritos na perversidade sexual. Quando a realização da fantasia ocorre além da esfera sexual, por exemplo, na pedofilia, considera-se também, a instância psicopatológica do crime.

As perversões sexuais, ainda segundo Meyer, "referem-se a um desvio do desenvolvimento do erotismo, de modo que o que é um tema menor se torna um tema central". O sujeito se inspira nas fantasias sexuais infantis para criar cenários perversos que confrontam a norma social e legal. O repertório psicopatológico apresenta temas mórbidos e sádicos de abuso sexual infantil, de estupro de crianças seguido de morte e de outras maneiras estranhas de satisfazer o desejo sexual.

Sobre a etiologia das parafilias, os fatores "biológicos, ambientais e as funções integrativas da mente", alinhavam, nessa multicausalidade, algo que o saber psiquiátrico nunca deixou de destacar: a fantasia sexual na dinâmica subjetiva, como um elemento patognomônico.

Os alicerces determinados pela neurobiologia desempenham papel fundamental para a psiquiatria biológica. "Valendo-se dos recentes avanços havidos no conhecimento do cérebro, a conduta humana pode ser explicada em termos biológicos", conforme o psicanalista de São Paulo Márcio Peter de Souza Leite. Desse modo, os conflitos em torno do triângulo edípico e a sexualidade como fator constitutivo do narcisismo são abordadas pela lateral, prevalecendo a "explicação genética, evolucionista e materialista" (Souza Leite, 2000).

Mesmo assim, a doutrina psiquiátrica e evolutiva da mente conjuga as fantasias sexuais aos indicadores de tais anormalidades. Assim, o desejo e a subjetividade, no campo das parafilias, fazem parte de especulações ligadas ao contexto familiar, social e econômico. Em geral, os conhecimentos adquiridos sobre essas manifestações são fornecidos pelas estatísticas do sistema penal, por intermédio de amostras significativas de pessoas que sofreram sanções penais por terem cometido crimes contra os costumes e a liberdade sexual.

Os critérios diagnósticos para a pedofilia do *DSM-IV* baseiam-se num quadro classificatório que indica de que forma as fantasias e os impulsos sexuais dominam o comportamento do sujeito, conduzindo ao ato criminoso. Vale lembrar que as perversões pedófilas compareçem sob múltiplas aparências e formas, prevalecendo, na sedução, a técnica adquirida para o sujeito se excitar. As modalidades de pedófilos descritas na literatura científica compreendem variações contrastantes de sujeitos, que se masturbam diante de uma criança ou, então, aqueles que manipulam a genitália infantil, até chegar ao estupro e ao assassinato.

Nessa linha, os componentes sádicos e agressivos da parafilia agem em sintonia com os impulsos pedófilos, exacerbando ainda mais essa dinâmica, como definiu Meyer, "não apenas por envolver uma identificação narcísica com a criança como, também, uma dominação sobre a criança", ao escolhê-la como parceira sexual.

Ampliando o leque das definições clínicas, o psiquiatra francês, Patrice Dunaigre (1999), distingue o tipo exclusivo e o tipo não exclusivo ou os que são atraídos apenas por crianças e os que mantêm relações sexuais com adultos. Dunaigre complementa explicando que as características preferenciais podem ser por meninos, meninas ou por ambos os gêneros, sob diferentes meios para alcançar a finalidade sexual.

Em geral, temos a pedofilia de situação (adultos ocasionais que molestam crianças por serem favorecidos por circunstâncias momentâneas) como, por exemplo, os *sites* na Internet, em que grupos fazem apologias do amor erótico de adultos por crianças, exemplificando o imaginário da pedofilia virtual. Na pedofilia preferencial, os sujeitos se caracterizam pela exclusividade do objeto, a criança de certa idade e sexo. Esses, quase sempre conseguem seduzir, com astúcia, envolvendo os jovens na esfera da sexualidade precoce.

O autor propõe pensar a pedofilia na perspectiva da realidade psíquica especular, das imagens que se confrontam entre uma criança interna e outra externa. A criança interna "representa o lado infantil do adulto que permaneceu no limbo, uma carta que ainda não chegou ao destino. Uma criança que, no passado, foi atormentada por desejos contraditórios e ambíguos em relação à figura dos pais. Uma criança que decidiu calar para sempre sobre uma angústia". Quando se torna um adulto, espera que a criança externa dê voz ao silêncio que fora sepultado na infância.

A evidência de um conflito psíquico põe à mostra o conteúdo da fantasia sexual quando se leva em conta o ato pedófilo. Entretanto, as classificações e definições das parafilias, em especial da pedofilia, são demonstradas pelos "desvios sexuais" da personalidade e do comportamento, com base em argumentos normativos e criminológicos do desejo.

Em conformidade com o discurso jurídico e os postulados inscritos no Código Penal, sobre os artigos e as penalidades de crimes de abuso sexual infantil, as parafilias também dizem respeito ao cenário forense. Na Classificação Internacional de Doenças e Problemas Relacionados à Saúde (CID-10), estabelecem-se categorias psicopatológicas em comparação com a noção de normalidade ao traçar quadros clínicos da doença mental.

Na esteira dessa doutrina, erguem-se critérios de responsabilidade e periculosidade que determinam a presença ou ausência de atos pedófilos para explicar essas etiologias. Como estratégias de intervenção e de tratamento, visando reduzir o mal-estar psíquico-social, as intervenções médicas quase sempre são acompanhadas de medicamentos e de terapia evolutiva comportamental, ancorados nos paradigmas genéticos, cerebrais e neurológicos.

O SUPEREU E OS CRIMES

Num escrito de Freud intitulado "Criminosos devido a um sentimento de culpa" (1916), vemos de que maneira a psicanálise se conecta com o campo jurídico, procurando esclarecer a subjetividade do criminoso. Freud investiga a relação do delinqüente com o sentimento de culpa edípico, expressos por fantasias inconscientes dos crimes humanos como "o assassinato do pai e o incesto com a mãe", considerados abomináveis na espécie humana.

Um pouco antes, Freud tinha descrito, em *Totem e Tabu* (1913b), alguns pontos de concordância entre a vida mental dos selvagens e a dos neuróticos.

Nessa obra ele procurou destacar o homem primitivo pela via da estética, "pelo legado dos monumentos e utensílios, pelo que restou da arte, da religião e da concepção da vida", na tentativa de deduzir os vestígios do totemismo remanescentes na infância. Os sintomas neuróticos e as fantasias sexuais infantis encontravam eco no estágio inaugural do registro da lei do Pai, narradas entre as lendas e os mitos da história do homem.

A origem do sentimento de culpa ligado ao assassinato do pai primitivo foi a solução encontrada por Freud para explicar o crime humano. O horror ao incesto, verificado entre os selvagens e os neuróticos, significa a manifestação que põe em relevo a função do pai como suporte da lei simbólica.

Segundo Jacques Lacan, o crime resulta de uma "patogênese do Édipo", quando a estrutura familiar se desintegra e as condições sociais do complexo de Édipo revelam um profundo descompromisso com as regras e as normas comunitárias. À luz dessa experiência, as desordens psíquicas surgem num estágio precoce da constituição do eu, de modo que se descobre o eu pelo espectro do Outro.

Lacan (1998), no texto "Introdução Teórica às Funções da Psicanálise em Criminologia", de 1950, procurou desenvolver as características essenciais da semiologia do crime em consonância com a subjetividade do animador criminal. Na exposição, Lacan ressalta a importância de verificar como se deram as etapas de formação do eu em relação à imagem especular alienante, concebida no processo de constituição do narcisismo. Ele insiste nesse ponto, por reconhecer, na dialética do estádio do espelho, a matriz especular formadora do eu que capacita à criança distinguir, fora dela, um contorno de si mesma.

As pulsões sexuais investem o eu com a libido, desenhando, no narcisismo infantil, a configuração dos traços do objeto com o qual o eu irá se ligar. A imagem do corpo inaugura, no narcisismo, um campo de batalha e de defesa do eu que consiste na introjeção da imago materna (conceito que designa o modo pelo qual o sujeito aprende o outro a partir das primeiras relações intersubjetivas) num jogo que envolve também a projeção.

A discordância existente entre a imagem real e a ideal, impõe a unificação das pulsões sexuais com a libido do eu. Com efeito, o labirinto de espelhos e imagens refletidas no estádio do espelho, assume papel fundamental na constituição do sujeito. Desordens psíquicas advindas dessa fase do desenvolvimento podem explicar determinados fenômenos do crime.

A investigação psicanalítica, apontada por Lacan, procura revelar os elementos inconscientes que o imaginário delituoso expressa e representa. O foco investigativo recai sobre os objetos de desejo e de como se tornam "criminogênicos, na suspensão da dialética do eu". Para o adulto, a criança estaria refletindo o espectro da figuração narcísica que se antecipa à entrada no complexo de Édipo.

Os crimes sexuais podem ser interpretados pela dinâmica edipiana e a ordem superegóica, revelando uma tensão entre o pólo moral e a instância cega e tirânica do imperativo de gozo do supereu. O supereu, que é a esfera que exerce a função de juiz em relação ao eu, pode destravar a constelação enigmática dos crimes, desde que essa instância psíquica e esses mecanismos reportem às significações do sentimento de culpa e da autopunição. Diz-se que o autor do crime não pode alegar desconhecer a lei e, com freqüência, forja situações para ser flagrado e punido, no mais alto estilo provocador de reclamar ações penalizadoras.

A incidência de tais crimes permite formular uma elaboração com respeito ao caráter neurótico abrigado nas transgressões determinadas pelo supereu e pelas frustrações da primeira infância, engajadas na situação edipiana. Deveríamos estender aos atos pedófilos as mesmas determinações dos delitos de caráter neurótico?

Lacan adverte que há uma "correlação de numerosas perversões nos sujeitos que vão a exame criminológico, mas essa correlação só pode ser avaliada por meio da fixação objetal, da estagnação do desenvolvimento, da implicação na estrutura do eu e dos recalques neuróticos que constituem o caso individual".

Se Lacan declara que as perversões estão inseridas no conjunto dos sintomas neuróticos é porque ele sustenta a idéia freudiana de que a perversão traduz o negativo da neurose. Ora, a *Verleugnung* (rejeição, repúdio ou um tipo específico de negação que se aproxima de desmentir e renegar), ao ser reconhecida por Freud como o modo de defesa estrutural do perverso, impõe-se como um conceito distinto das outras defesas — *Verwerfung* (forclusão) e a *Verdrängug* (recalque) — próprias da psicose e da neurose. Cabe, então, destacar que tal mecanismo, na perversão, denota certas dimensões tanto do retorno do recalcado como da forclusão, a rejeição das representações insuportáveis. Em certos casos, o negativo da neurose ou o contrário da psicose servem de parâmetro para ajustar o quadro nosológico e criminal da perversão.

Na confissão criminal, os acusados demonstram arrependimento e vergonha, se sentindo destruídos e arruinados. Costumam dizer que, no instante do crime, tudo aconteceu como se lhes faltasse o discernimento entre a fantasia inconsciente e a realidade externa. O conflito se refere à paixão cega pelo objeto interditado pela lei do incesto, proibição que se estende às relações sexuais entre pais e filhos. No campo jurídico, esses sentimentos configuram critérios de responsabilização e imputabilidade do eu, no momento do ato proibido.

O fenômeno perverso põe à mostra a relação que todo homem tem com a lei simbólica, o supereu e o gozo. Por esse viés, os crimes de abuso sexual infantil, agregados à pornografia infantil, demonstram, em grande medida, que a subjetividade existente na pedofilia gira em torno da ligação patológica do sujeito com o objeto de satisfação sexual.

O que leva um sujeito a desprezar a lei simbólica e certos direitos elementares da convivência humana, destituindo e destruindo os limites de proteção ao semelhante? A transgressão, na pedofilia, põe às claras o operador central de defesa da estrutura perversa — *Verleugnung* — "que, quase sempre, se refere a uma tentativa de negar algo afirmado ou admitido antes", segundo Luiz Hanns (1996). Quando desafia a lei, apóia-se no desmentido da percepção não desejada, a fim de ter êxito no que se refere a passar por cima dos cuidados com a infância. Tudo indica que o sujeito — ao mesmo tempo em que reconhece o ato ilícito — procura extrair uma legalidade ímpar e unânime, como conseqüência daquele desejo. Sente-se rejeitado por todos, com exceção das crianças, que são merecedoras de atenção e auxílio contra as maldades do mundo. Elas são vistas como capazes de decidir o que fazem, lançando-as numa precocidade erótica desproporcional perante as experiências da infância.

O incitamento aos atos libidinosos podem ser representados, entre outros aspectos, pela pornografia, o exibicionismo, as carícias impróprias, os contatos genitais incompletos e a penetração genital. De todo modo, lançam-se artifícios imaginários e falaciosos, na tentativa de conceber o ser infantil como um sujeito preparado e estruturado para as vicissitudes da vida.

Na pedofilia, a criança como objeto erótico alcança uma autonomia na economia libidinal em termos do desejo sexual, na qual o interdito da lei, que proíbe a relação sexual com criança, fica suspenso pela ação de transgredir. A fixação desse objeto erótico ressalta em que medida coincide com a fantasia que sustenta o desejo, proveniente da experiência primária de ligação com a mãe.

A SEXUALIDADE PERVERSA POLIMORFA

Os *Três ensaios sobre uma teoria da sexualidade*, de Freud, publicados em 1905, obra de valor inestimável para o pensamento científico e cultural, situam o corte epistemológico entre a noção de instinto e o conceito de pulsão. Sempre atento às manifestações de forças desconhecidas e incontroláveis da natureza humana, Freud se encarrega de demonstrar como as necessidades sexuais não se explicam apenas por determinantes biológicos mas, sobretudo, por algo que se manifesta à revelia do sujeito.

Enquanto a comunidade médica do início do século vinte empregava concepções ideológicas e normativas do desejo, delimitando o impulso sexual aos componentes instintuais da espécie, Freud foi além dessas idéias. Abriu mão do modelo biológico e criou um conceito que iria lhe servir de forma cabal na construção da teoria da sexualidade, investigando a psicopatologia das perversões sexuais. A pulsão sexual designa uma extensa gama de significados e é derivada do termo alemão *trieb*.

No *Dicionário comentado do alemão de Freud* (Hanns, 1996), "*Trieb*, tal qual usado em alemão, entrelaça quatro momentos que conduzem do geral ao singular: 1) um princípio geral do ser vivente; 2) uma força que se manifesta no campo biológico, colocando em ação os seres de cada espécie; 3) estímulos e sensações que se manifestam *no* corpo somático do sujeito, como se da biologia da espécie algo brotasse nele e o aguilhoasse; e, por fim, 4) algo que se manifesta *para* o sujeito, fazendo-se representar ao nível interno e íntimo, como se fosse uma vontade ou um imperativo pessoal".

O uso freudiano desse termo caracteriza a forma pela qual um representante psíquico age em conseqüência da ligação dele com o somático, quando está a serviço da função sexual e da força propulsora das numerosas fontes erógenas do corpo. Os entrelaçamentos pulsionais são diferentes da necessidade orgânica e do instinto. Dessa forma, a possibilidade de identificar um caminho que o leve a conceber uma energia sexual — libido — em direção ao objeto pulsional foi o princípio da chave mestra da construção do narcisismo.

A indagação freudiana sobre a constituição da sexualidade do sujeito ultrapassa o reducionismo da diferença sexual anatômica e da cópula sexual com fins reprodutivos e se torna independente do protótipo biológico, quando elege, na pulsão, o signo da energia vital. As vicissitudes da pulsão sexual forjam múltiplas situações acessíveis ao estudo analítico pois, segundo Freud, quando a libido se concentra sobre os objetos, essa pode "fixar-se nesses objetos ou, em outras ocasiões, abandonando-os, transferindo-se de uns aos outros" e o objetivo sexual pode não corresponder às normas da moral sexual civilizada. Desde então, os desvios sexuais configuraram o imaginário perverso, carecendo de significação se forem considerados apenas como fenômenos de afastamento de uma linha de comportamento ou de conduta e, por fim, da personalidade.

Freud inicia o estudo das perversões, no plural, pelo viés da homossexualidade, tomando-a como um paradigma da condição de existência do conceito, e demonstrando que ainda não havia conseguido escapar das concepções clássicas, designadas como desvios em relação aos padrões da cultura e da religião. Aos poucos, foi-se distanciando dessa compreensão e, com bastante desenvoltura, pela teoria das neuroses, consagrou a perversão, no singular, como aquilo que o neurótico, um dia, idealizou.

Nessa linha, os desvios sexuais representam fenômenos psíquicos que se passam na estrutura subjetiva da pessoa e o sentido mais apropriado para entender esses mecanismos dizem respeito ao caminho ou à direção que a pulsão toma para alcançar o objeto. Eles podem ser de duas ordens: relativos ao objeto e relativos ao fim sexual ou a finalidade. Este último evoca o nível de satisfação — *Befriedigung* — da pulsão, nos casos em que o sujeito é impulsionado a se apropriar do objeto, em geral com objetivos de aplacar as reivindicações pulsionais. Mesmo com todo esse caráter inusitado e imprevisível da pressão pulsional, à qual o sujeito é submetido, essa atinge de forma parcial a satisfação.

As qualidades do objeto pulsional não coincidem com o objeto da necessidade e, por isso, a perversão se destaca quando o objeto fica idealizado e exclusivo nas práticas sexuais. A importância de distinguir as características do objeto e do objetivo sexual levou Freud a conceber, nesse mecanismo, o conceito de perversão. A perversão nasce calçada na regressão e na fixação da libido na fase pré-genital e, sob o reinado da pulsão de domínio, o sadismo é destacado como força motriz desse período.

Contudo, Freud continuou a avançar nas conclusões até formular a seguinte equação: a perversão é o negativo da neurose. Essa idéia vem demonstrar como as fantasias sexuais inconscientes dos neuróticos são a expressão de um desejo sexual reprimido por duas forças psíquicas, cujos representantes — a vergonha e a repugnância — funcionam como resistências contrárias à realização em ato da cena erótica da fantasia sexual. Na face oposta da neurose acha-se "a céu aberto, a perversão" (de tal modo que esta se oculta nos disfarces supérfluos da satisfação libidinal, segundo Lacan). Apesar dessa asseveração genial, Freud ainda estava longe de alcançar o cerne da questão estrutural da perversão, vislumbrando apenas uma parte dessa construção.

Seguindo o desenvolvimento libidinal, em que toda criança é lançada na "perversidade polimorfa" por estar sob a ação da turbulência do período pré-genital, cabe situar nesse processo um certo número de manifestações que serão os signos da perversão primária. Isso significa que as formas positivas da perversão, registradas nos adultos e nos casos de crimes sexuais, mantêm uma estreita relação com o processo primário da constituição da sexualidade infantil. Esse elo de ligação com a infância atinge um discernimento maior na perversão sexual e demonstra como as "fantasias sexuais infantis" são palco do mal-estar que a pedofilia evoca.

A esse respeito, as teorias sexuais infantis servem de eixo para introduzir a escala essencial da perversão, quando se trata da relação intersubjetiva do eu com o corpo e os componentes avulsos da pulsão sexual.

O comportamento de uma criança será sempre uma luta pela renovação e reedição das experiências de prazer da primeira infância mas quando o princípio de realidade se interpõe ao princípio de prazer erguem-se as restrições necessárias à adaptação ao meio externo. O auto-erotismo, a fase introdutória da organização genital infantil, pressupõe que a zona erógena seja o ponto incidente entre o prazer de órgão e a fantasia fundamental. Na economia libidinal, a linguagem, em conexão com o somático, representa a fonte do despertar para a constituição da sexualidade. As produções psíquicas, a experiência de satisfação e os representantes da primeira infância indicam a antevisão do polimorfismo infantil.

A sexualidade perversa polimorfa desponta quando o desejo da criança se espelha no objeto sexual e, nesse contexto, a cópula é consagrada, em termos psicanalíticos, como sendo uma das primeiras fantasias que afloram nas crianças ao procurarem explicar, para si, tudo o que diz respeito à origem dos bebês e à diferença sexual. A sexualidade dos adultos faz parte dos interesses do infante, em especial no que diz respeito ao que os pais fazem no quarto. As fantasias sexuais infantis, povoadas pelas figuras parentais, animam o imaginário criativo da criança.

Uma fantasia universal infantil, presente no imaginário coletivo, a da criança como objeto de desejo sexual do adulto tem o filho como um personagem ativo do ato sexual. As manifestações significantes da sexualidade evocam a ligação do filho com o desejo incestuoso da mãe, destinando a ele a posição de falo, como um *plus* de satisfação. Essa experiência excitatória incita no princípio de prazer, o masoquismo erógeno.

A predisposição perversa polimorfa, instituída no centro da organização pré-genital da teoria sexual infantil, conduziu Freud a estabelecer uma conexão pulsional entre os componentes sádicos, masoquistas, exibicionistas, *voyeurísticas* e fetichistas. Esses componentes desempenham uma gama de nuanças e formas imaginárias do fenômeno perverso e, ao mesmo tempo, se apresentam em conjunto ou isolados.

A pulsão sádica existente nas fantasias sexuais infantis, chamou a atenção de Freud por reconhecer o caráter insólito da crueldade nas ações do homem. Sob esse aspecto, o sadismo se manifesta no adulto em circunstâncias que podem levá-lo a infligir humilhações ou agressões físicas e sexuais no objeto, buscando o prazer. Na outra ponta, o sofrimento masoquista, evidenciado pela dor física, encontra na excitação sexual, o gozo.

Como diz Lacan, "o consentimento do parceiro está aprisionado", o que nos leva ao cerne da relação perversa. As pulsões de domínio, flagradas nas cenas perversas, admitem uma forma particular de o homem exercitar a atividade sexual para além da reprodução, ou seja, o erotismo conjugado ao prazer sexual e à dor de existir. Georges Bataille (1987), etnólogo e filósofo diz que "o que diferencia o erotismo da atividade sexual simples é uma procura psicológica independente do fim natural encontrado na reprodução" e, nesse sentido, complementa a definição dizendo que "o erotismo é a aprovação da vida até na morte".

Em síntese, a pulsão de morte convoca, pelas vias do desejo, um tipo de organização da libido referendada pelo ato pedófilo, onde o desejo sexual por crianças é intensificado, deixando os vestígios e as marcas do trauma. O abuso sexual infantil se caracteriza pela "exposição de uma criança a estímulos sexuais impróprios para aquela idade, nível de desenvolvimento psicossocial e papel na família. A vítima é forçada ou convencida a participar da relação sem ter a capacidade emocional ou cognitiva para consentir ou julgar o que está acontecendo", na definição dos médicos André Salame Seabra e Helena Maria do Nascimento (Seabra e Nascimento, 1997).

A maior parte das denúncias de abuso sexual infantil fica circunscrita pela atividade sexual entre uma criança e um adulto da família (pai, padrasto, irmão) ou parentes substitutos (alguém que a criança reconheça como da família). Considerado como incesto, o abuso sexual intrafamiliar envolve a mãe, o pai e a filha ou filho. Com freqüência, a mãe tem consciência do fato embora sinta vergonha e silencie diante do que vê, não reagindo ao sofrimento dos filhos. Mesmo não concordando, a mãe costuma facilitar a situação incestuosa porque tem medo do marido ou, em alguns casos, porque ela também sofreu abuso sexual na infância.

O abuso sexual extrafamiliar encerra os casos de pedofilia e ocorre, com maior freqüência, fora do ambiente familiar, em lugares públicos, festas de aniversário de crianças, nas saídas de escolas ou acampamentos. Freud menciona — no *Três ensaios sobre a teoria da sexualidade* — que, "com desoladora freqüência, atentados sexuais são cometidos em crianças pelos professores e responsáveis", talvez porque eles tenham oportunidades melhores de cometer esses abusos.

Digamos que, ao atribuir aos professores essa perversão, Freud devia estar pensando nas práticas pedagógicas da época, que envolviam castigos corretivos e abuso de poder. Porém, outro sentido se impõe nessa afirmação, o que, em geral, ocorre em sujeitos amigáveis e integrados e que estão acima de qualquer suspeita. Enfim, o ato pedófilo convoca a criança como objeto da libido, meninos ou meninas, dependendo das características de exclusividade e fixação da pulsão sexual.

A PERVERSÃO PEDÓFILA: ÉDIPO E CINDERELA

Serge André, psicanalista francês atento aos fenômenos da pedofilia, pronunciou uma conferência intitulada "A Significação da Pedofilia" (André, 1999), na qual procurou descrever a lógica da perversão pedófila. A pedofilia, disse ele, "se define como sendo o amor pelas crianças; uma certa forma de amor, visando um certo tipo de criança". Em princípio, o perverso pedófilo não é um perverso sádico, muito menos o explorador e o estuprador mas alguém que se interessa por uma prática sexual em que a demanda infantil se faz presente na expressão natural da sexualidade.

O pedófilo estabelece vínculos passionais e sensuais com a criança pois entende que há uma permissão infantil para o estreitamento do laço amoroso. A idéia de um erotismo espontâneo surge em oposição à sexualidade reprimida e recalcada no complexo de Édipo. A expressão espontânea da sexualidade perversa polimorfa infantil se traduziria pelo "desejo de gozar", que fora negligenciado pelo pai legal. Em realidade, essa lógica retrata uma estrutura familiar que confisca e priva a criança do erotismo parental.

O pedófilo, nessa complexa teoria sobre a paternidade, se convence de que tem a função de restituir o operador paterno, a um certo amor que foi censurado. O amor passional e sensual do pedófilo não rejeita o erotismo, ao mesmo tempo em que se identifica com o "arauto de uma verdadeira reforma moral" do complexo de Édipo. Equivale a dizer, segundo Serge André, que o pedófilo concebe uma rivalidade profunda com o amor maternal, como se a mãe tivesse roubado do pai a parte erótica do amor que ele tinha com a criança.

Nessa dinâmica edípica, a pedofilia denuncia uma "aliança entre a maternidade incestuosa e a paternidade pederasta". O desafio implica em defender-se da homossexualidade imposta pelo pai e desmentir a castração da mãe e, para isso precisa da criança, aquela que pode ser um anjo, um ser assexuado, indefinido e que encarna a imagem do "terceiro sexo". Enfim, ela pode ser um menino ou uma menina que simboliza o mito da completude natural, na qual o desejo e o gozo nunca se separam.

A fase edípica consagra o conceito de mãe fálica quando expõe a relação do filho com o falo, acentuando um outro elemento de consumação da relação dual. Os reflexos dessa posição inicial fundamentam a gênese das estruturas clínicas. O triângulo envolve a mãe, o filho e o falo, até entrar em ação o pai, como portador do falo e quarto elemento do Édipo. Tudo isso introduz, para o filho, por via da metáfora e da metonímia, a dimensão do desejo do Outro e o modo pelo qual a função fálica é significada pela mãe.

A significação fálica organiza a ocasião em que a criança destaca, no corpo da mãe, o órgão genital. Na perversão, a *Verleugnung* (desmentido) é erguida pelo eu contra a ameaça de castração, estabelecendo uma recusa da realidade e desmentindo todas as conseqüências da distinção anatômica entre os sexos. O complexo de castração insere na cena primária — fantasia do coito parental — a significação fálica do objeto, da mesma forma que o falo representa o significante da falta. O fetiche será instituído para sustentar a crença na mãe fálica, ao mascarar e cobrir com um véu a castração materna.

O "desejo de gozar" do adulto reflete a extensão da paixão humana, quando a criança se torna objeto de gozo. Os desejos edipianos recalcados comparecem para transformar a proibição em permissão, perante as imagens inocentes e legais de crianças às de violência e sadismo. O gozo masturbatório combinado com a fantasia sexual, alimenta o ciclo de excitação e sustenta o "desejo de gozar".

Segundo o livro *Abuso Sexual em Crianças* da psiquiatra inglesa Christiane Sanderson (2005), as variedades de fantasia sexual servem a diferentes propósitos de sedução, entre os quais o contato por consentimento e sem consentimento imaginado, como fontes desencadeantes do abuso sexual. Não se sabe ao certo, o quanto os usuários de pornografia infantil progridem do "só olhando" para o "praticando" mas, sob diferentes aspectos, o corpo infantil pressupõe uma mina de sensações e tentações.

Como exemplo: os emblemas da sexualidade infantil propagados pelos meios de comunicação de massa incluem programas de auditório, as agências de modelos e os caça talentos, os concursos de cinderela e a iconografia dos personagens e ídolos contemporâneos do mundo infantil, favorecem a exaltação da sensualidade do corpo pueril. Cria-se uma verdadeira rede significante, no qual todos os esforços consistem na montagem técnica de um repertório de signos da erotização do corpo infantil.

Essa classe de fenômenos inaugura um ambiente lúdico ao tomar a criança por um viés artístico — de uma maturidade forjada e projetada nos astros da mídia — que nega o fato de a infância ser um período de intensa predisposição perversa polimorfa. Quando estimulada a comparecer e a fazer parte da composição sexual imaginária do adulto, ela interpreta esse comportamento, de acordo com o conjunto de regras, num jogo em que lhe compete parecer um adulto.

Há pedófilos que nem sempre abusam dos próprios filhos, pelo contrário, se esforçam para serem pais modelo e verdadeiros chefes de família. Diferente do pai incestuoso que pratica sexo com a filha ou filho e não se excita com outras crianças, salvo raríssimos casos, pois o determinante, no abuso intrafamiliar, seriam os descendentes. Como conseqüência, o incesto arruína a filiação paterna, além da infância, obstruindo o desenvolvimento das gerações.

Os registros de denúncias de abuso sexual infantil aumentam de maneira progressiva porém isso não significa que o fenômeno surgiu agora. O aliciamento de crianças por pedófilos sempre houve e a pornografia infantil nos revela as coleções de imagens, pelas quais a pedofilia fica representada na cultura. Os significantes que compõem esse conjunto designam uma forma de gozo que regula o desejo na pedofilia.

A pedofilia, classificada pelos especialistas David Finkelhor (1984), e Christiane Sanderson (2005), como um "modelo multifatorial baseado em uma variedade de fatores causais", pode ajudar a pensar os reveses da pulsão e do desejo. A tipologia dos pedófilos, sumarizada por "pedófilos predadores", que envolve o rapto e o sadismo no abuso sexual e os "não-predadores", que planejam o aliciamento, usando de influência até alcançar o intento, amplia o potencial de conhecimento do campo privado da pedofilia.

Dessas categorias, o "pedófilo compulsivo" aparece como o tipo mais comum, por estabelecer uma "amizade especial", fazendo a criança se sentir única, a ponto de deixar-se molestar, por medo. Nessa linha, ele ganha a confiança dos familiares e da criança conquistando uma proximidade ímpar.

O FANTASMA PERVERSO

Os especialistas enfatizam que a fantasia sexual funciona como um operador central na lógica da pedofilia, por se tratar de um tipo de satisfação adquirida, mantida por longo tempo e nunca abandonada. A "fantasia" — conceito psicanalítico para designar a vida imaginária do sujeito — caracteriza a realidade psíquica, uma vez que exprime uma narrativa no âmbito de uma estrutura significante. Desse modo, comenta a historiadora francesa Elisabeth Roudinesco, co-autora do *Dicionário de Psicanálise* (Roudinesco e Plon, 1998), a fantasia é a maneira pela qual o sujeito "representa, para si mesmo, a história ou a história das próprias origens".

A fantasia sexual desata a propriedade íntima do desejo na pedofilia, mostrando que há um traço singular no sujeito que consiste em "se desculpar daquilo que não pode se impedir de fazer" e, por isso mesmo, continua fazendo segundo o psicanalista francês e genro de Lacan, Jacques-Alain Miller. Do contrário, sentir-se envergonhado, apesar do sentimento de culpa, revelaria um impedimento em se desculpar quando reconhece o desejo. Em geral, a extensão da vergonha e dos valores morais e éticos serve para manter "uma certa distância que preserva, como uma margem de segurança, esses fantasmas trazidos do campo perverso", ainda conforme esse autor, no livro *Duas dimensões clínicas: sintoma e fantasma* (Miller, 1988).

Isso significa que se pode postular a existência de uma fantasia originária que situe o sujeito em relação ao campo imagético da concepção do eu. Considerando cada caso, a dimensão imaginária da pedofilia se traduz pelos fatos reais de abuso sexual infantil. Do geral para o particular, a fantasia sexual atravessa o desejo manifestando uma gramática específica mas, também, universal da fantasia perversa, descrita no texto de Freud, *Bate-se numa criança* (1919a). Entretanto as formulações lacanianas sobre o desejo, irão revelar a "lógica da fantasia", ao pretender explicar a sujeição originária do sujeito em relação ao Outro. Definido por Lacan, o "fantasma fundamental" põe à prova a relação do sujeito com o desejo do Outro e a linguagem, como operador simbólico da falta inscrita no Outro pela castração. Nessa perspectiva, a falta no Outro, no campo do significante, institui, segundo Lacan, o axioma lógico da posição subjetiva perversa.

Esse axioma corresponde à "dimensão real do fantasma", relativo a ordem do impossível e da ausência de substituição dos fatos. Consiste em ser um resíduo do processo primário incapaz de modificar-se pelos meios da linguagem ou do significante. Na pedofilia, o adulto não recua e realiza em ato as propriedades singulares da fantasia sexual, até ser denunciado e preso.

As variações gramaticais das vias perversas desenham e obedecem a certas regras que põem em circuito o desejo do pedófilo. Isso permite deduzir que o objeto erótico — a criança — na essência, encarna o objeto *a* (causa de desejo). O objeto *a* — designado por Lacan por ser um objeto não simbolizado e representado como um resto, inscreve uma escritura de fixação pulsional no sujeito, delineando o contorno do objeto no fantasma. Com efeito, a gramática significante, expressa a seguinte formulação: o sujeito se define pelo que quer e pelo que faz. A libido errante e afetada pelo desejo transforma o objeto *a* em objeto de gozo do Outro e a fantasia perversa demonstra o vigor no ato pedófilo.

Na perspectiva da pedofilia virtual, a fantasia desvenda a via libidinal auto-erótica indicando o sintoma enredado nas tramas patológicas do desejo. Os signos codificados entre o natural e o artificial da pornografia infantil comparecem como indicadores representativos das fotografias de crianças em atividade sexual com adultos. O sintoma põe às claras o limite do proibido e a dimensão do desafio comprovado no ato pedófilo. A censura explícita de se navegar nos *sites* de pornografia infantil parece ineficaz e inócua, considerando a quantidade de material apreendido pela polícia.

Apesar da repressão maciça, os curiosos não ficam intimidados. Pelo contrário, encontram na pedofilia virtual um jeito de realizar, em pensamento, a fantasia sexual. Entretanto, na pedofilia real, o sujeito, capturado pelas imagens do corpo pueril, nas emanações excitatórias das zonas erógenas, não consegue se firmar como sujeito castrado.

A EXPERIÊNCIA DA SEDUÇÃO

Em Freud, encontramos a formulação de uma fantasia infantil que descreve cenas de espancamento e surras de crianças, tendo o pai como agente da agressão. Essa fantasia merece especial atenção por estar conectada com os sentimentos de prazer da atividade masturbatória da criança.

O texto "Bate-se numa Criança" (Freud, 1919), preenche a lacuna sobre a construção teórica da perversão que, de um modo geral, aponta no sentido de elucidar o problema do masoquismo e as transformações da vida sexual. A natureza dessa fantasia, de causas acidentais na primeira infância, é tida como "um signo primário de perversão", segundo Freud, da função sexual infantil, devendo ser recalcada mais tarde, se as circunstâncias do prazer forem de caráter sádico ou masoquista. Articulada à gênese da perversão, a fantasia ilustra em que medida desponta como paradigma do fantasma perverso quando põe em jogo o desejo do Outro.

Parece fundamental destacar o fenômeno que se passa na estrutura subjetiva do sujeito. A fantasia perversa da criança revela a dimensão imaginária da relação do sujeito com o objeto. Observamos que são três as etapas desmembradas da fantasia sugerida: a primeira, representada pela frase "meu pai bate numa criança" que é a criança que eu odeio, a segunda, "estou sendo espancada pelo meu pai" e a terceira, "alguém bate numa criança", segundo Lacan.

"Bate-se numa Criança" confere uma organização lógica da fantasia perversa, na qual o sujeito conserva uma fixação libidinal na cena de espancamento e de flagelação. Tal valorização representa o ponto crucial da dimensão da estrutura do fantasma que porta os elementos significantes do desejo do Outro.

A primeira etapa diz respeito à rivalidade do filho com um possível irmão ou outra criança, que aparece no cenário edípico em torno da preferência afetiva do pai. O sujeito é introduzido como um *voyeur* da situação e, com efeito, atribui uma significação na qual supõe ser ele o objeto de amor paternal.

A segunda consiste na relação dual entre o pai e a criança, considerando ser, ao mesmo tempo, objeto de espancamento e agente da agressão em virtude da reciprocidade do outro. Esse caso está representado pelas relações sadomasoquistas e, de modo mais forte, acentuado na essência do masoquismo erógeno.

A terceira é aquela que emerge para o sujeito, sob a forma do enunciado; meu pai bate numa criança por temer que eu acredite não ser eu o preferido. Nessa medida, a interposição imaginária encontra, na significação perdida da relação intersubjetiva, o que Lacan nomeou de significantes em estado puro, ou seja, significantes que não produzem cadeia de significação.

De todo modo, essa fantasia cria uma referência da ligação incestuosa do filho com o pai, despontando no cenário a enunciação recalcada da relação genital proibida com o pai. As variações gramaticais da fantasia, na qual o sujeito é capturado, obtém em cada uma dessas etapas, a relação entre o sujeito e os personagens daquele ambiente. O que está contido ali, seja pela via de uma produção psíquica ou pela situação traumatizante do abuso sexual, é a representação — sob diferentes ângulos de sentido — da experiência de sedução.

Todo o esforço de atribuir à natureza da fantasia do espancamento a origem do masoquismo e do gozo masturbatório, em ambos os sexos, revelou, em certa medida, que a criança espancada é com freqüência o menino. Aqui, entram em jogo os elementos da relação pré-genital e a prevalência fálica em direção à organização genital infantil. A maneira pela qual o menino e a menina vivem as transformações dos objetos pré-genitais nos níveis oral e anal, por meio da frustração do amor e da frustração do gozo, adquire, para ambos, a escala da privação do falo imaginário.

Na distinção anatômica entre os sexos, o elemento imaginário é o pênis, mas o símbolo é o falo. Como sublinha Lacan, na dialética edipiana, é mais fácil para a criança simbolizar os objetos que possuem uma representação verbal, isto é, uma função de uso e de existência. Essa anatomia se caracteriza por ser "um objeto que já assumiu certa existência na imaginação da criança", naquilo que ela supõe sobre o ato sexual dos pais.

A forma como o objeto de amor e o objeto de gozo se diferenciam, para avançar em direção a pulsão genital globalizante, mostra como a criança sucumbiu às experiências e acidentes da predisposição perversa polimorfa. Na perversão pedófila, quando o sujeito toma a criança como objeto erótico, na tentativa de praticar atos libidinosos e, às vezes, conjunções carnais ou estupros, podemos inferir que o pedófilo foi também seduzido na infância?

A experiência cotidiana demonstra, por meio de depoimentos, que adolescentes, depois de terem sofrido abuso sexual na infância, fizeram o mesmo com as crianças menores, exercendo o sadismo ou o masoquismo. Porém, é fato também que muitos que praticam o ato pedófilo não registram antecedentes infantis de abuso sexual mas, sim, outros componentes de desintegração familiar, como a pobreza e a miséria ou a ausência da figura paterna, entre outros. O contexto só contribui para o aparecimento de traços de perversidade na vida adulta, atingindo àqueles que buscam, no amor infantil, o sexo proibido.

No caso da pedofilia preferencial, que se define pela sedução de menina ou de menino — concentrando uma porcentagem maior nas faixas etárias entre 4 e 6 anos e 13 e 15 anos conforme o cientista social Edson Passetti relata no livro *Violentados* (Passetti, 1995) — supõe-se que os caracteres do objeto criminogênico correspondem à imagem com a qual o sujeito ficou identificado na cena da fantasia de espancamento. A reconstrução dos conflitos edípicos poderia elucidar uma preferência pedófila reconhecendo que, na perversão, a fantasia e o sintoma nunca se separam.

O que já foi demonstrado como sintoma da pedofilia, a pornografia infantil, exerce fascínio em adultos e crianças, enquanto legitima as práticas pedófilas. O ambiente virtual do meio eletrônico acende as chamas da fantasia sexual e as crianças são capturadas pelo teor incomum das imagens de menores e adultos, em atividade sexual. Uma visão equivocada da sexualidade madura se impõe e se choca com os objetos pré-genitais valorizados no universo infantil. Em outros termos, a criança encontra o próprio estatuto em virtude da "estrutura do objeto", como diria Lacan.

Nesse sentido, se o objeto de desejo na pedofilia é a criança, isso significa que, no nível da "dimensão real do fantasma", o corpo infantil compõe uma gramática significante do ato pedófilo. O psicanalista francês René Major (1988) sugere ser possível delimitar, no campo perverso, um estilo particular de linguagem que esboça mais a representação em ato do que em palavra. A articulação dos códigos visuais, sonoros e verbais, nas encenações perversas, registra as figuras mais representativas que permitem conservar, na imagem, o resíduo fantasmático.

Por exemplo, o material pornográfico envolvendo filmes, fotos, vídeos, além de *sites* de grupos que defendem a prática erótica com crianças, instrumentaliza o fetiche "nos trilhos imaginários que formam as fixações libidinais", segundo Lacan. Caso, por exemplo, da visualização do órgão genital infantil em comparação com o do adulto, em que um se sobrepõe ao outro, cabendo uma equivalência, por se atribuir ao fetiche o disfarce da existência da diferença entre ambos.

Haveria, portanto, no material pornográfico, uma linguagem em que a "prevalência da imagem visual em detrimento da imagem acústica", como define Major, tece o circuito da pulsão escópica — a fascinação do olhar — no foco das fantasias pré-genitais infantis. Sob sucessivas repetições caricaturais do polimorfismo perverso, a imagem tem a função de mascarar a temível percepção da diferença sexual anatômica.

Retomando o entorno de "Bate-se numa Criança", a enunciação inconsciente do desejo incestuoso do pai, na vertente amorosa e erótica sob a base do masoquismo primário, orienta, no sentido de marcar a função do fetiche, a posição subjetiva do pedófilo. O adulto guarda consigo a esperança de realizar, em cada ato libidinoso envolvendo a criança, o impossível da relação sexual, e que o liga à ilusão tecida por aquele desejo.

A PEDOFILIA E O FETICHISMO: O FALO DA MÃE

Em torno da castração simbólica, a ligação do sujeito com o fetiche fundamenta e dá consistência ao desenvolvimento lógico da *Verleugnung*, o modo de defesa instaurado no exato instante de a criança alcançar a significação da falta do objeto. A ambigüidade da relação do sujeito com a realidade, numa época tão precoce, cujas representações do objeto são escaladas pela presença e ausência, oferece a dimensão do que o sujeito irá encontrar.

A criança inicia a vida pelas portas da frustração, conceito que diz respeito às primeiras impressões, traumas e fixações remanescentes da fase pré-edípica, representada pela tríade imaginária mãe, falo e criança. O esquema do fetichismo será construído em torno da relação da mãe com o falo e da ligação que a criança estabelece entre o falo e a mãe. O caráter patológico dessa configuração demarca as circunstâncias em que a imagem fálica da mãe satisfaz a criança, quanto aos pontos cruciais da instauração do fetiche.

O fundamento da operação fetichista reside em fazer da privação do falo na mãe um dano imaginário, passível de ser substituído pelo fetiche. Na ameaça de castração, a criança se identifica ao falo muito antes de conceber o objeto real em função da periodicidade com que aquela presença e ausência é notada.

O fetichismo, paradigmático na estruturação da perversão, configura tanto um tipo de atividade sexual como um ponto central no processo de divisão psíquica do eu. A *Verleugnung*, um procedimento pelo qual o eu se assegura contra a ameaça de castração, encontra o perigo real quando "dá ao eu a preferência e renuncia à satisfação instintiva ou nega a realidade e pretende convencer-se de que não existe perigo, de modo que possa prosseguir com a satisfação", para citar Freud.

As formas de subjetivação da angústia de castração revelam o modo antagônico com que o eu se relaciona com o objeto do amor e da frustração. Isso equivale a dizer que a criança toma esses cursos, pelo viés da denegação da realidade psíquica e pela recusa da diferença sexual ou, por outro lado, encontra um abismo contra o qual irá murar o objeto com uma fobia. De qualquer modo, "o sucesso se consegue ao custo de uma rachadura no eu que nunca cura e ainda se aprofunda com o passo do tempo".

Os dois objetos, o fóbico e o fetiche, resultam dessa operação, sendo que o primeiro causa uma repulsa e o segundo uma atração irresistível, sempre em torno da falta do falo na mãe. Nessa ordem, a *Spaltung* (divisão) do eu incide sobre a distinção do real do corpo com a imagem virtual do esquema corporal na formação do narcisismo. A incessante procura da criança por um objeto substituto, auxiliada pela regressão e pela metonímia, sela o equívoco permanente que resulta na desigualdade entre o objeto *a* e o objeto de desejo.

Jacques-Alain Miller, no livro *A Lógica da direção da cura* (Miller, 1995), insiste nesse ponto quando afirma que o objeto reencontrado nunca será o objeto adequado, havendo *décalage*, isto é, uma defasagem que aparece nos níveis do tempo e do espaço entre duas situações ou dois objetos coincidentes por suposição, revelando-se o hiato e a distância entre ambos.

No início, o objeto imaginário do desejo é o falo, de forma mais precisa, o falo que não se pode ver nas imagens que se gostaria de crer sobre o falo da mãe. A corrente libidinal focaliza, na falta, um significante ou uma representação que dê conta da falta de existência do objeto, configurando o falo no registro simbólico. Entretanto, o fetiche, instalado como argumento de afirmação e negação, pretende manter viva a crença na mãe fálica.

No *Três ensaios sobre uma teoria da sexualidade*, o fetichismo aparece enfatizado como uma perversão sexual de peculiaridades patológicas complexas, por haver uma supervalorização do objeto "que se estende a tudo o que se acha em conexão associativa com aquele". É próprio do fetichismo substituir o objeto sexual por um fetiche, a ponto de transformar o objetivo pulsional numa perversão sexual. O elo que se estabelece entre o objeto original e o fetiche tem a função de circunscrever, numa parte do corpo, o símbolo fálico no lugar da falta.

Todo o esforço da criança consiste em driblar as conseqüências inevitáveis da percepção da mãe sem pênis, elegendo o objeto fálico pela pertinência que cabe na significação fálica. O atributo fálico surge como uma das formas de significação do falo produzida pela metáfora paterna na dinâmica edípica, visando marcar uma perspectiva simbólica em relação à falta do objeto.

A ligação do sujeito com a falta do objeto ocorre de maneira singular no fetichismo, de modo que o sujeito se identifica com o objeto fálico pelo viés do fetiche, anunciando que, afinal, encontrou o acesso ao objeto exclusivo. O fato de serem objetos inanimados como, por exemplo, roupas de pele, peças íntimas femininas, fotografias ou filmes pornográficos, significa que esse conjunto participa da vertente libidinal que tem a necessidade de encontrar, na totalidade, aquele objeto, tornando-o, às vezes, criminogênico.

Segundo a psicanalista da Sociedade Psicanalítica de Paris, Joyce McDougall (1991), as formas imaginárias que concernem ao ato perverso representam um papel dinâmico nas personalidades compulsivas e perversas. Podendo estar conectada com as outras formas perversas — o exibicionismo, *voyeurismo*, fetichismo, sadismo e masoquismo —, o pedófilo parte do princípio de que nada pode detê-lo, estando ele submetido "à sexualidade que é, no fundamento, compulsiva". O caráter compulsivo da sexualidade demarca uma ligação com o objeto erótico, a ponto de encontrar um modo constante de eliminar a fruição sexual.

McDougall advoga a idéia de que, nesses casos, o sujeito precisa defender-se da depressão e da perda do sentimento de identidade, desembocando num desfecho psicótico do conflito edipiano da ameaça de castração ou num desvio sexual da orientação libidinal. A despeito da solução encontrada ao desfazer o conflito psíquico, McDougall considera a erotização das defesas, o impulso para o caráter perverso se instalar na estrutura do eu, preservando, na cumplicidade, o erotismo privado do filho com a mãe.

Assim, a compulsão significante sugere o modo de lidar com a angústia perante o gozo do Outro, enquanto a impulsão perversa desata a libido que envolve o sujeito, sem culpa nem angústia. A obediência do sujeito à linguagem opera em relação à negatividade do significante, demarcando uma diferença essencial entre o funcionamento neurótico e o ato perverso.

A posição do sujeito na pedofilia funda-se em certa positividade do mundo externo, das regras e costumes sociais que o sujeito não está disposto a servir. Para isso, ele tenta inscrever, a modo próprio, a negatividade do significante, efetuando a solução astuta de perverter a lei simbólica, segundo o psicanalista francês Henri Rey-Flaud. Mais ainda: ao assegurar o papel de redentor da natureza sexual infantil e da premissa de exclusividade do objeto, reinventa a linguagem de acordo com a significação estampada nos discursos perversos que exaltam o fetiche pelos labirintos da falta do significante.

A perversão pedófila fica visível no imaginário coletivo dos homens jovens mas, também, em mulheres que incitam as crianças à precocidade erótica. Por exemplo, algumas amas e babás, tão íntimas das crianças e dos bebês, praticam brincadeiras libidinosas com o corpo erógeno infantil. A imprensa pouco fala sobre o assunto mas existem milhares de histórias, sob o manto do pacto do silêncio.

Cabe aqui fazer um parêntese em relação ao agente da sedução ser uma mulher com traços de pedofilia. Um eixo de investigação psicanalítica nos levaria aos conteúdos da fantasia de sedução em que a criança é, no real, o falo imaginário da mãe.

"Ao considerar os impulsos passivos da fase fálica, destaca-se o feito de que a criança incrimina a mãe como sedutora, por ter percebido as primeiras sensações genitais de forma forçada ou, em todo caso, as mais poderosas, enquanto estava submetida à limpeza ou aos cuidados corporais pela mãe", segundo Freud. A experiência de prazer registra as sensações agradáveis, nas quais a criança resiste em substituí-las por outras mais apropriadas. Parece provável que, nesses casos, as vicissitudes libidinais correspondam ao polimorfismo sexual da primeira ligação com o objeto.

De todo modo, os subsídios psiquiátricos e psicológicos de avaliação da pedofilia recuperam a veia psicopatológica dos crimes sexuais cometidos por homens, embora, como vimos, não ultrapassem as descrições comportamentais do ato pedófilo. A psicanálise tem o mérito de interrogar a perversão na singularidade de cada caso, à luz do Édipo e da relação do sujeito com a metáfora paterna.

Toda a encenação perversa constitui um desafio ao pai desmoralizado e humilhado, assim como faz o pedófilo em relação aos crimes de atentado violento ao pudor e de estupro, desafiando a lei jurídica que proíbe condutas sexuais com menores.

Os casos de pedofilia divulgados pela mídia e pelas estratégicas campanhas de denúncia de abuso sexual infantil têm espelhado um sintoma social bastante complexo de ser abordado. Assunto maldito, e mais visível pelas notícias policiais, ainda sabemos pouco sobre as causas e motivos da ação pedófila. Em grande medida, os estudos investigativos sobre o abuso sexual infantil direcionam mais a atenção às vítimas do que aos agressores, restando aos últimos apenas o imperativo da ordem jurídica.

CAPÍTULO 4

As patologias e o sofrimento psíquico

Das manifestações imaginárias e excêntricas da sexualidade perversa, a pedofilia e a pornografia infantil sobrepujam quaisquer outras. A violência do abuso sexual revela como o desenvolvimento psicossexual da criança fica ameaçado pelo poder do adulto.

A pornografia infantil representa um instrumento de sedução cuja presença legitima uma prática sexual patológica porque revela um modo de agir que põe em risco a infância. Recriada na cena virtual, a imagem e o movimento dos corpos libidinosos, apesar de obscenos, podem fascinar qualquer um, porque indicam o supra-sumo do gozo e da realização sinistra do desejo, quando coincidentes com os fantasmas perversos inconscientes.

As numerosas histórias de crimes sexuais que compõem o mal-estar na atualidade, em grande medida, correspondem ao "que existe de horror no universo das delícias eróticas", conforme o psicanalista do Rio de Janeiro, Joel Birman (2000). A pedofilia como perversão sexual afronta as leis dos direitos universais da criança e dos valores morais, sociais e éticos do espaço comunitário. Todas as formas de arrogância e violência sexual ficam expostas na pornografia infantil, pois sabemos que as imagens reproduzidas no meio eletrônico e impresso testemunham a verossimilhança com a realidade do trauma infantil. O impacto da pornografia infantil eletrônica na sociedade reproduz, no mundo virtual, o gesto do adulto em que a criança permanece submetida a mais devastadora das paixões.

Dessa maneira, evidencia-se o *pathos* como sendo "um sofrimento, uma paixão e uma passividade que carrega a possibilidade de um ensinamento" como afirma o psicanalista de São Paulo, Manoel Tosta Berlinck. Cabe aqui, examinar as possíveis descobertas da psicopatologia da perversão pedófila que norteie a investigação psicanalítica do desejo e do gozo.

Sabe-se que o pedófilo subverte a lei para ritualizar a fantasia fundamental com os emblemas fetichistas da fase fálica. A função paterna, na dinâmica da pedofilia, fica desautorizada da carga simbólica para assumir os contornos inconsistentes do pai idealizado pelo pedófilo. O desafio à lei confirma o reconhecimento do objeto interditado ao elevá-lo à categoria de um objeto fetichístico. Na função fálica, a criança, identificada como objeto parcial em relação ao desejo do adulto, é também, um objeto de satisfação. No aliciamento, faz circular os signos do universo infantil como bonecas, balas, doces, brinquedos eletrônicos e tantos outros que contemplam uma lógica fetichista.

O exemplo de conhecida marca de balas ilustra essa lógica e a desenvoltura do ato sexual de duas embalagens de dropes de formato humano, com a inscrição significante da marca figurando no corpo do desenho. Os objetos tridimensionais, isto é, as *kids* transavam como se fossem criaturas libidinosas, povoando o mundo da imaginação. Outro exemplo, concerne às bonecas japonesas eróticas, bizarras e extravagantes, encenadas por autômatos rijos ou flexíveis que, quando postos em movimento, revelavam os elementos sinistros alusivos à quebra da unidade narcísica ou o esfacelamento do eu. Quando as bonecas se olham, o imaginário infantil fica exposto à dissimulação contínua entre o objeto de fetiche e a criança erotizada. Mascara-se o desejo do Outro, lá onde a castração sinaliza haver o interdito da relação sexual do adulto com a criança.

Nos dois casos, o lúdico e a animação dos objetos constituem, na aparência, modos de dizer concernentes à sexualidade infantil. Ao entrar na página do *site* pornográfico, um enunciado do tipo: "Encontre aqui, de forma legal, o mais representativo da pornografia infantil: imagens mangá (*hentai*) de garotas sexuais ativas e fotos de bonecas eróticas japonesas pré-adolescentes. Grátis".

As mensagens subliminares da pornografia infantil sugerem que tudo pode e nada deve deter o desejo, um grandioso incentivo para burlar as proibições jurídicas. Em outros termos, o vértice criminal da conduta do adulto como corruptor de menores — que, em outra época, era denominado de tarado sexual — mostra o fascínio pela inocência e pela ingenuidade da criança. Isso desperta enorme fruição pois, quanto mais pura a vítima, maior a passionalidade. O cinismo e o sadismo invocados pela pedofilia virtual são atos revelados na imagem pornográfica que têm, como maior promessa a faculdade de mostrar algo nunca visto e que não existe na natureza.

Devemos nos perguntar o que o sujeito vê, quando olha a criança? Ele pode ver uma foto de criança nua ou uma situação libidinal montada, na qual a criança não sabe o que está acontecendo mas desconfia do que estão fazendo. A montagem das cenas serve para poder ver o jamais visto; por exemplo, juntar um pênis com um bebê, amarrado e amordaçado na cama ou, também, o adulto nu sentado e carregando no colo uma criança pequena, passando as mãos nos genitais.

A força dessas imagens registra o deleite e o gozo na perversão pedófila, em uma operação silenciosa, como se não houvesse palavra mas apenas o imagético do objeto e o olho ofuscado do receptor. O circuito escópico (caminho que o olho faz até o objeto) entre o visto e o nunca visto, se desdobra em fascinação, quando o desejo recai sobre o objeto *a*, causa de desejo.

Impossível ficar indiferente às cenas pornográficas. As imagens questionam a equação do desejo de todo e qualquer sujeito. Para alguns, a criança se torna desejável porque — por definição — estaria fora da cena do sexo, caracterizando o "objeto obsceno".

Com as invenções tecnológicas e desde que a fotografia, o cinema e o vídeo doméstico surgiram, o olhar sobre a criança também se transformou e, hoje, vemos como é lançada à categoria de objeto da libido *voyeurista*. Entre um e outro, o tipo de ligação libidinal que se estabelece, revela os distintos sentidos da equação: a criança como objeto erótico, ao alcance das mãos (através dos olhos).

Para o *voyeur*, o prazer do olhar passa pelo desejo de ser visto, seja pelo olho da criança ou pelo brilho que da imagem pornográfica emana. Ele não precisa tocá-la para se satisfazer. Pelo contrário, a masturbação é a maior fonte de prazer.

Nesses casos, a masturbação parece providencial já que adquire uma significação de realização da fantasia sexual provocada pela imagem virtual das situações sexuais com a criança. Do contrário, o ajuste entre a masturbação e as sublimações sexuais nas fantasias "pode neutralizar as graves tendências à perversão e evitar as conseqüências mais funestas da abstinência", conforme Freud. Isto é, se a masturbação estiver sujeita a determinadas condições de fixação da libido, por exemplo, nos casos em que a criança funciona como um catalisador da excitação sexual do sujeito.

A fantasia sexual nas parafilias, tomada como um elemento patognomônico, convoca o sujeito a passar ao ato. Ademais, a criança revestida dos atributos do objeto erótico que se torna criminogênico realça a transgressão do ato perverso. A interatividade cibernética induz o cidadão fragilizado a adotar a identidade do pedófilo, com o gosto e a sensação de estar realizando algo proibido. Enviando imagens eletrônicas nas salas de bate-papo — e muitas são colagens de fotos de situações fictícias que, na realidade, nunca ocorreram — o sujeito se deleita no devaneio. O ambiente ficcional expressa a melhor forma de liberar a libido do cativeiro psíquico, dando vazão aos contatos intersubjetivos da realidade virtual.

Slavoj Zizek, filósofo e pensador da cultura, num artigo publicado na *Folha de S. Paulo*, em 2001, foi quem melhor exprimiu essa idéia, ao dizer que "o neurótico se refugia no espaço cibernético como forma de devaneio, a fim de escapar da vida real, morna e impotente". Por meio do devaneio, o sujeito encena, no espaço cibernético, toda a sorte de fantasias que, na realidade, não se sente capaz de realizar. Com o papel bem-comportado que ele assume no cotidiano, seria impossível suspeitar desse desejo oculto, vivenciando, na surdina, tudo aquilo que não pode admitir em sociedade.

Nessa perspectiva, a ambigüidade da imagem joga com o interdito e o desejo, denotando, no labirinto de espelhos do narcisismo, a verdadeira luta que o eu trava com o supereu. O cidadão se engaja nas alternâncias da pulsão escópica, de tal modo que o eu se articula com o núcleo perverso da fantasia, lançando-o numa posição de fascinação diante do espectro do Outro. Reside aí a economia libidinal de consumo da produção de objetos encarregados de prover a necessidade de olhar e consumir a pornografia infantil sendo dispensável a ação concreta de abusar da criança.

Por outro lado, para o pedófilo, quanto mais próximo estiver da criança, maior a chance de dominação física e subjetiva. O espaço cibernético ganha utilidade porque, pelas imagens, os significantes da pedofilia montam uma rede de significação, expondo como seria ter uma criança ao alcance das mãos. Exibem uma subjetividade que explicita a antinomia insuperável entre a pulsão sexual e a civilização, deixando como saldo um tipo especial de satisfação narcísica anômala.

O mal-estar que a pedofilia promove por meio das informações diárias da mídia se mostra tão perturbador que chega a desviar o desejo, de forma cega e obtusa, para o objeto da pulsão de morte e para o objeto do gozo do Outro — conceito introduzido por Lacan para designar a idéia de uma transgressão da lei. Os novos cenários de subjetivação da libido estão encarregados de desafiarem as tendências da pulsão de vida, mais ainda no âmbito da exploração comercial e sexual infantil.

Desse modo, as vias perversas do desejo do pedófilo situam a criança sob os indicadores representativos: reconhecer a criança na qualidade de objeto da libido e do gozo do Outro. Em tais circunstâncias, a fantasia de "Bate-se numa Criança", sobrevoa o inconsciente, designando a dimensão imaginária da relação do pedófilo com o objeto. A figura do pai espancando o filho, nas três formas de subjetivação da perversão apontadas por Freud, destrincha o emaranhado da substância desiderativa.

A articulação das vias perversas do desejo com as modalidades estruturais de tal fantasia explicariam como a violência do sofrimento infantil pode decorrer desse intrincado nó. Além disso, as fantasias inconscientes mostram como antigas lendas e pensamentos míticos da primeira infância vagam e povoam o universo imaginário da pedofilia.

Observa-se que o aliciamento de crianças costuma ocorrer de várias maneiras, entre as quais, contando histórias sexuais dos adultos e do nascimento dos bebês, para capturar a criança pela inocência e pela curiosidade. As teorias sexuais infantis fornecem algumas pistas de interpretação dos fenômenos elementares da cena pedófila. Da parte da criança, o enigma da sexualidade a impele a verificar os sabores do fruto proibido, enquanto o pedófilo a incita a experimentar as emoções do "jardim das delícias eróticas".

Seguindo os passos do pedófilo à luz das proposições acima, podemos encontrar uma via de acesso às motivações obscuras que despertam, em nós, sentimentos antagônicos e ambivalentes. Com efeito, devemos considerar que a perversão polimorfa infantil interfere nas determinações psíquicas em jogo.

A CRIANÇA, OBJETO DA LIBIDO

A criança como objeto de desejo do adulto representa uma fantasia sexual de origem edípica, vivida em uma época em que a pulsão de domínio desempenhava um papel preponderante na organização pré-genital. Essa pulsão cumpria a finalidade de exaltar o narcisismo infantil, a ponto de transformar a passividade em atividade, na mesma medida em que a criança tenta apreender os objetos da realidade externa.

O conteúdo das fantasias edipianas denuncia a abundância de enredos relacionados à cena da relação sexual dos pais, na qual a criança se inclui como um personagem coadjuvante. No entanto, graças ao recalque e à interdição do incesto, essas fantasias permanecem inconscientes, como reminiscências da fase pré-genital.

O aliciamento consiste em animar as histórias sexuais mostradas na pornografia, buscando provocar na criança a mesma sensação de prazer. O ato de tocar, passar a mão, lamber ou passar o pênis nas zonas erógenas e fazer sexo oral com a criança, demarca um circuito libidinal da pulsão sexual.

As crianças, como objeto da libido são presas indefesas e ficam passivas diante da ação predatória e ativa do pedófilo. Em termos etológicos, é como se fosse um predador em busca da caça — ele consegue se refugiar e agir de forma sorrateira, sem que, ao menos, alguém desconfie dessas práticas.

No "Disposição à Neurose Obsessiva" (1913), Freud apresenta um panorama dos mecanismos de defesa, quando uma parte do eu retrocede à pré-genitalidade com a finalidade de driblar a angústia de castração. Sob o fracasso do recalque os traços sádicos da pulsão sexual ressaltam, na pedofilia, a primazia da atividade como um modo perverso de exercer o poder sobre o mais fraco.

O sadismo, denominação freudiana para caracterizar a pulsão sexual associada à atividade, se compõe pela dissociação da corrente passiva, em que se acentua o masoquismo no erotismo anal, sugerindo forte predisposição à homossexualidade. A ofensa às leis da sociedade reforça uma posição em que o próprio limite, representado pela repugnância e pela vergonha, cria o desejo como força imperativa de domínio.

Assim, a citação de Freud de que "no estudo das perversões, chegamos ao entendimento de que o instinto sexual tem de lutar contra determinados poderes psíquicos que se opõem àquele na qualidade de resistência: o pudor e a repugnância". Em linhas gerais, esse seria um jeito de explicar porque, na pedofilia, a libertinagem com crianças e a recusa frente à lei exibe um modo de evitar qualquer ordem contrária ao desejo do objetivo sexual.

Sob esse aspecto, o que parece repugnante para a maioria, em relação ao pudor do sexo com criança, não o é para o pedófilo. Quando penetra o dedo, o pênis ou o vibrador no genital infantil, constata uma deterioração física e um dano psíquico irreversível, como decorrência do somático, deflagrando o caráter da náusea humana. A criança, como objeto da libido do pedófilo, não será mais a mesma, a imposição daquele desejo danificou o curso normal do desenvolvimento psicossexual e aniquilou as restrições pelas quais a pulsão sexual deve estar submetida.

No estupro, os circuitos libidinais do desejo desenham um tipo de relação de objeto que concerne às produções fantasísticas da estrutura perversa. A dimensão imaginária da pedofilia destaca que o desejável para um pedófilo, pode não o ser para um outro. Em alguns casos, a exclusividade do objeto demonstra preferência em relação ao sexo e à idade da vítima. A fixação da libido sobre a imagem da infância, reativada e posta em funcionamento, disponibiliza um modo de satisfação narcísica.

Os componentes determinantes na eleição do objeto podem ser de outra modalidade, segundo a preferência exclusiva por meninos ou meninas acima de três anos ou por ambos e, por último, por bebês. Devem ser destacadas diferenças entre as crianças pela faixa etária. Entre uma criança que fala e exprime algum sentimento da situação e o bebê, tomado como um corpo fálico, há uma diferença. Em ambas as escolhas, a significação do falo ingressa em estágios anímicos das lembranças edípicas recalcadas, adquire uma substância na estrutura do fetiche que impõe a escolha do pedófilo.

Na pedofilia, o anseio pela infância erotizada sinaliza as recordações relativas às surras, reais ou imaginadas pelo sujeito na infância. Concernem ao legado das impressões libidinais da sexualidade perversa polimorfa.

A hipótese freudiana da gênese da perversão atribui a fantasia de "Bate-se numa Criança", a origem da ligação incestuosa com o pai na função de agente da castração. Demonstrada em detalhes, a fantasia de espancamento recupera uma possibilidade de compreender por quais razões o desejo na pedofilia orienta para um objeto proibido. Esse tipo de organização psíquica exprime uma forma de perversão que possui, antes de tudo, a função de evitar um desabamento do eu, pela prevalência do objeto fetichizado, sob a forma de criaturas da imaginação do pedófilo.

Assim, no ambiente eletrônico, a morada da pedofilia virtual, o *pathos* fica revelado com clareza. A imagem da criança concerne ao sujeito e à dimensão do espetáculo, do qual, o detalhe que o trai ou o fere na imagem, expõe a camuflagem. A finalidade sexual fica visada, apesar de todos os disfarces utilizados. Seja pela preferência por uma criança menor ou outra maior, o fato é que a finalidade adquire uma maneira patética de satisfação. É provável que o sujeito não se reconheça nas garras da pulsão, até porque lhe faltam reminiscências, como faltam a todos nós, para poder reconstruir o lugar no paradigma da fantasia de espancamento.

Entretanto, os bebês representam, na lógica pedófila, corpos manipuláveis e entregues ao gozo. Em tais fatos, o fracasso do recalque e os impulsos sádicos, associados ao erotismo anal e à concepção sádica da relação sexual, sistematizam um tipo de significação fálica do estado *infant*.

A CRIANÇA, OBJETO DE GOZO

A situação fica mais complicada e atinge um outro extremo quando a criança aparece situada como objeto de gozo. Aqui, os limites da sexualidade ultrapassam o estupro até alcançar o assassinato, o corte e o desmembramento do corpo. Não saciados, os exploradores acabam se juntando à rede mundial de tráfico ilegal de crianças.

Em instituições fechadas também se constata o perigo a que algumas crianças são submetidas. Os orfanatos estatais da Rússia são lugares de encorajamento de violência física e sexual por parte de funcionários inescrupulosos, que obrigam os órfãos menores "a permanecerem sob a neve e os punem quando tentam fugir, enviando-os para hospitais psiquiátricos", conforme matéria da *Folha de S. Paulo* de 20 de dezembro de 1998. Aliás, na Rússia, um dos países que mais produz pornografia infantil, parece provável que as crianças expostas seriam as mesmas que sofrem nos orfanatos. Das modalidades de exploração comercial e sexual infantil, o tráfico de crianças, o cárcere privado e o trabalho escravo revelam, sem dúvida, como a infância fica rejeitada.

No início da epopéia marítima dos povos da Europa, no século XVI, as crianças que embarcavam nos navios portugueses "eram violadas por pedófilos e as órfãs tinham de ser guardadas e vigiadas com cuidado a fim de manterem-se virgens, pelo menos até que chegassem à Colônia", segundo o historiador Fabio Pestana Ramos (1999).

Hoje, na África Ocidental, esses problemas ocorrem com freqüência, atingindo até as próprias famílias que, em troca de 15 dólares, vendem os filhos para os traficantes. Os pais são convencidos a "entregarem os filhos, com a promessa de que as crianças terão emprego remunerado e enviarão dinheiro para o sustento das famílias", de acordo com reportagem de *O Estado de S. Paulo*, de 14 de abril de 2001.

Há algum tempo, foi noticiado pelo mesmo jornal que um barco em alto-mar, no oceano Atlântico, deixou Benin, na África, com 250 crianças, entre nove e doze anos de idade. Soube-se que foi impedido de atracar em dois portos africanos, Gabão e Costa do Marfim, e, após três semanas, a embarcação, com bandeira da Nigéria, não havia ainda retornado ao país de origem. Autoridades do Benin e da Unicef se manifestaram contra o comércio ilegal de exploração infantil nos países pobres, sob suspeita de que o capitão tivesse jogado ao mar "a carga", eliminando as provas que o incriminassem.

Depois da chegada do barco *MV Etireno*, com cerca de 40 crianças e três bebês, a Organização Não-Governamental suíça Terre des Hommes, encarregada de verificar a denúncia da Unicef, confirmou que a embarcação estava servindo uma das rotas do tráfico infantil. O surpreendente da história é que o proprietário do *MV Etireno* é um jogador de futebol nigeriano, Jonathan Akpoborie, principal artilheiro do time alemão Wolfsburg, patrocinado pela Volkswagen, como mostra a reportagem da *Folha de S. Paulo* de 1º de maio de 2001.

O tráfico encobre a escravidão, pois as crianças são enviadas para trabalhar "em grandes plantações de cacau e café" nos países mais ricos do Oeste africano. Segundo as entidades que combatem o trabalho infantil, "elas são forçadas a cuidar da lavoura o dia inteiro e, com muita freqüência, são submetidas a agressões físicas e sexuais".

Todos os dias, essas embarcações são interceptadas nos postos de fronteira africanos, onde o "inferno" se estabelece sob o poder de algum amo absoluto. Os latifundiários e fazendeiros se aproveitam das vistas grossas das políticas corruptas dos governos pobres para solapar o direito universal das crianças e dos adolescentes.

Em todos os continentes do planeta, a infância é violentada porém, quando a criança fica situada como objeto da pulsão de morte, ela é considerada um "objeto reciclável", destituída da própria vida e do laço social e familiar. Para os traficantes e intermediários, a criança é um instrumento de ganho fácil, como se fosse um objeto inanimado, sem vida e brilho, apenas com valor específico de troca e uso, enquanto servir para o trabalho escravo.

Lynn Geldof, porta-voz da Unicef, na época do incidente, disse em entrevista à *Folha*, que "o tráfico de crianças existe porque há pobreza. Em todos os lugares do mundo, onde há pobreza, há um terreno fértil para a escravidão". A falta de orientação e instrução das mães faz com que entreguem os filhos a estranhos, sem saber que nunca mais os terão de volta. "A criança perde a infância, a juventude e a dignidade humana e, quando adulta, será capataz dos menores ou terá o próprio prostíbulo", segundo a *Folha de S. Paulo* de 18 de abril de 2001.

Outro destino do tráfico de crianças seria a prostituição, tão estimulada por adultos e soldados que, por medo de se contaminarem com a Aids, preferem as meninas virgens. Na América Latina, elas são adotadas por europeus e americanos, sendo que, em numerosos casos, servem apenas para a prostituição infantil.

O estupro, seguido de assassinato, e o tráfico de órgãos do corpo infantil apontam para perigosas forças da natureza humana, momento no qual a crueldade humana exibe o que se tem de pior. A aflição da infância no tráfico contextualiza a crueldade, quando a criança é lançada à função instrumental do gozo do amo. Sob novas formas de subjetivação, o utilitarismo em conexão com os destinos do desejo do perverso faz circular os significantes do pai déspota de *Totem e Tabu* (Freud, 1913b).

A prostituição infantil expõe uma faceta real do fantasma, que consiste em submeter a vítima, à vontade do amo em cenas humilhantes e tristes. Os leilões de virgens, o seqüestro de menores e o estupro de crianças são molduras particulares do quadro perverso, onde prepondera o repúdio à lei simbólica do "pai morto".

CAPÍTULO 5

As origens do Direito Penal

Os cultos religiosos sempre tiveram uma participação importante em livrar o homem da fúria homicida da pulsão de morte, protegendo-o da própria agressividade por meio da culpabilidade e da visão moral. Domesticando-a sob os aspectos da vida religiosa, domina-se o caráter intolerável da violência. Foi ao redor de um ambiente de apaziguamento da dualidade mortífera, que o princípio de justiça delimitou o campo primitivo da civilização, deixando submersa a crueldade do prazer pela violência e pelo "espírito de vingança", segundo o antropólogo René Girard (1990).

René Girard, em *Violência e o Sagrado,* afirma que os meios com os quais os homens se mobilizaram para se protegerem da vingança podem ser agrupados em três categorias: os meios preventivos, que podem todos ser definidos como desvios sacrificiais do espírito de vingança; as regulações e os entraves à vingança, tais como as composições e os duelos judiciais, cuja ação curativa é ainda precária; e o sistema judiciário, dotado de uma incomparável eficácia curativa.

O espírito de vingança assume um estatuto, na visão daquele autor, de marca essencial da agressividade primária verificada em todas as espécies, animais e humanas. O instrumento que os povos primitivos criaram como elemento de prevenção na luta contra a violência foi instituir o rito sacrificial e religioso. A vingança era deslocada para o animal totêmico quando invocavam o caráter sagrado da vítima: eram mais dóceis e inocentes ao serem escolhidos pelo homem encolerizado.

Aos poucos, os primeiros meios preventivos dessas práticas foram dando lugar, no mundo moderno, à composição do sistema judiciário de segurança nacional para cada povo. Esse sistema se baseia no princípio de justiça que reconhece o princípio de culpabilidade contido nas leis vigentes dos Códigos

Civil e Penal.

A organização do sistema penal, visando à formação de uma sociedade disciplinar, designou ao Direito Penal a função de estabelecer uma ciência normativa, detentora de um código de normas valorativas e finalistas com respeito à ordem jurídica. A classificação da norma numa escala hierárquica tutela os valores mais nobres e supremos da conduta humana, tendo por princípio o dever-ser, como a posição subjetiva obrigatória para todo e qualquer sujeito.

Hans Kelsen, professor da Universidade de Viena na década de trinta, em *Teoria Pura do Direito*, um tratado de filosofia do direito, elucidou, de maneira brilhante, o conceito de sujeito do direito, aquele que está submetido às sanções da lei quando comete um delito e não, como era considerado, àquele que tem direitos a serem respeitados. Na concepção do autor, "o dualismo de ser e dever ser não significa que ser e dever ser se coloquem lado a lado sem qualquer relação. Diz-se: um ser pode corresponder a um dever ser, o que significa que algo pode ser de maneira como deve ser. Afirma-se, por outro lado, que o dever ser é dirigido a um ser (...) que, no sentido figurado, pode ser designado como conteúdo do ser ou como conteúdo do deve ser".

Essa noção contém a idéia de que quando um sujeito comete o delito provoca uma ofensa à sociedade e produz, no ato voluntário, "a ruptura com a lei, lei civil estabelecida no interior de uma sociedade", segundo o filósofo francês Michel Foucault (2003). A ordem jurídica tem a função representativa de proteger o ideal como um bem universal do homem, transformando-se em benefícios à coletividade. O direito penal salvaguarda os preceitos legais do Código Penal, como também define que o delito é um fato da jurisdição e, portanto, deve acarretar uma sanção. Compete à norma a função da permissão, ou seja, "conferir um direito", segundo o psicanalista francês Jean Clavreul (1983), ao prescrever que tal conduta é permitida, no sentido do "dever ser e o ato de vontade de que constitui o sentido do ser", de acordo com Kelsen.

Os interpretantes jurídicos — direito, dever e justiça — procuram destacar uma classificação filosófico-científica no campo penal, como expõe outro autor, Dante Pacini (1983). Ele diz que "o Direito Penal não é uma ciência jurídica só voltada para a repressão (imposição da pena ou da medida de segurança) mas é uma expressão das formas direito, dever e justiça, (essencial na ordem existencial e consistencial de base ética), que abrange a concepção do justo por natureza e por representação (juízo, conceito, valor, relação etc.) e também todos os chamados princípios de reserva de garantias e direitos que se referem ou se ligam ao homem, seja ele delinqüente ou não, esteja cumprindo pena ou não".

Com isso, a Política Criminal, desdobramento das ciências jurídico-repressivas, distingue "o que é justo do dever e o direito diante da Lei". Todavia, as correntes doutrinárias que fundamentam o objetivo e a finalidade da pena são denominadas absolutas, relativas ou utilitárias, além de mistas. Dessas últimas, as escolas Clássica e Positiva constituíram as diretrizes básicas do método jurídico e filosófico do direito penal.

Cesare, o marquês de Beccaria, filósofo e discípulo de Rousseau e Montesquieu, em meados do século XVIII, publicou *Dei delitti e delle pene* [*Do delito e das penas*] (Beccaria, 2006), obra que causou grande impacto no meio cultural. A arbitrariedade e as injustiças dos mecanismos de controle e punição de práticas penais da época, o conduziram à formulação de um "contrato social", segundo o professor de Direito Edgard Magalhães Noronha (2000), cuja expectativa era atender à demanda social de justiça. Cesare Beccaria e Francesco Carrara, professor de direito criminal da Universidade de Pisa, sob a influência do Iluminismo, fundaram a escola Clássica, ao tratar do crime apenas quando fosse uma "infração à lei" do Estado. Para isso, a apreciação da prova se constituía como um valor necessário para a sanção da pena, da mesma forma que as leis deveriam estar escritas "em linguagem vulgar e não em latim".

A tentativa de humanizar as masmorras transformou as prisões em instituições representativas de privação da liberdade, no começo do século dezenove. Inúmeras manifestações da sociedade por mecanismos de controle do comportamento e da conduta dos indivíduos e da população clamavam por uma ordem jurídica. Com a intenção, até certo ponto, de reformular as práticas primitivas da pena de vingança privada em relação à violação dos costumes, com referência aos crimes e às penalidades dos regimes absolutistas da Idade Média, a escola Clássica abriu espaço para que pensadores, pintores e teóricos — como Jeremy Bentham, Jacques André Treilhard e outros — desenvolvessem instâncias de controle social e político com as características do panóptico.

No desenvolvimento do texto de *A verdade e as formas jurídicas,*

Foucault (2003) refere-se ao projeto teórico da reforma da penalidade, da elaboração do Primeiro Código Penal Revolucionário — inspirado pelas idéias de Beccaria — como um instrumento de vigilância e correção cujo propósito era, antes de tudo, observar os condenados e aqueles indivíduos que poderiam cometer infrações.

Em termos do crime e das penas, essa escola trouxe para a teoria penal a noção de imputabilidade, por entender que as potencialidades criminosas no homem serviriam de parâmetro para a formulação de leis, conferindo poder absoluto ao sistema judiciário.

Os pioneiros da Escola Positiva do Direito Penal, Cesare Lombroso, Rafaele Garófalo e Enrico Ferri, emergentes do positivismo de Augusto Comte e do evolucionismo de Charles Darwin e Herbert Spencer, segundo Noronha (2000), compunham o trio que estava sintonizado com as descobertas científicas e filosóficas da época. A criminologia, termo difundido por Garófalo (1997), surge como um saber da causação do delito ao se ocupar do estudo do crime, da delinqüência e da punição. Vinculada àquela, a antropologia lombroseana e a sociologia criminal de Ferri procuravam explicar e detectar as causas e as origens genéticas e psicológicas do delito, sempre sustentadas pela lei, o processo e a execução.

O determinismo biológico e a degeneração moral do indivíduo, apontado por Lombroso, propunha uma tipologia para os criminosos, caracterizando o delinqüente pela constituição física e mental. A loucura moral causada pela epilepsia denunciava as anomalias e as perturbações do desenvolvimento orgânico e, por isso, deveria levar em conta o potencial do criminoso.

Em relação aos fatores exógenos ou sociais na gênese do delito, como alude Noronha, coube a Ferri desenvolver aspectos da sociologia criminal, incluindo a estatística criminal, ao salientar a importância dos aspectos econômicos e sociais como elementos de causa do crime. Essa doutrina encampava a idéia de prevenção do delinqüente, ao preconizar que as ações delituosas poderiam também ser ocasionais e fruto do meio habitado. Estabeleceu-se uma classificação dos tipos criminosos, incorporando a função degenerativa orgânica e a atrofia mental defendida por Lombroso.

Nas pegadas da antropologia e da sociologia criminal, Garófalo uniformizou o conceito de crime no direito penal na sua obra principal, *Criminologia*, ao reunir os três campos de saber: crime, delinqüência e repressão penal. Ele introduziu o critério de periculosidade na medicina legal, atestando ao sujeito um estado perigoso latente, sempre pronto a emergir na conduta criminosa.

Crimes Hediondos

Em face de uma defesa social mais abrangente, respeitando as diferenças regionais de um país, é que medidas despenalizadoras e descriminalizadoras podem ser empregadas quando se leva em conta os aspectos simbólicos da lei, não estando restritas a uma ordem imaginária e determinista da lei, do processo e da execução.

Hoje, a idéia de pena envolve uma diversidade conceitual, abrangendo a sociologia, a antropologia, a medicina, a psicologia, entre outras disciplinas, e está fincada na trilogia básica do Direito Penal, Processual e Penitenciário. Quem rege essas três concepções da Ciência Criminal é a Política Penal. Dependendo do grau de envolvimento da política com as bases do método científico-filosófico da criminalidade, as noções de repressão, sanção, prevenção, intimidação, reabilitação, recuperação e tratamento podem acolher o significado existente entre os conceitos direito, dever e justiça.

A política do Direito Penal está comprometida em oferecer uma resposta eficaz às infrações, tanto do ponto de vista da punição, como também de uma prevenção. Como vimos, no começo, a história do direito penal esteve pouco comprometida com os princípios legais e éticos do sujeito de direito e do respeito aos ideais da dignidade humana. Por isso, o código penal pôde evoluir e sofrer reformulações de acordo com as expectativas e demandas sociais, adequando-se à construção de novos paradigmas de como punir, o que punir e como prevenir a criminalidade.

Segundo o jurista Alberto Zacharias Toron (1997), a idéia de prevenção geral positiva é uma tendência que ganha terreno no campo jurídico e a principal finalidade seria evitar que o autor de um delito volte a delinqüir, fazendo com que a pena desenvolva uma função de advertência. O caráter preventivo implica identificar as causas da criminalidade e a aplicação de penas que orientem para uma re-socialização. De cunho mais progressista, os teóricos argumentam que as questões sociais e econômicas contribuem para o aumento da criminalidade; assim, não bastaria apenas saber como e o que punir, mas atender ao princípio de justiça.

Outro movimento, da Lei e Ordem, defende a imposição de penas severas, com o endurecimento do sistema, fundado em critérios retributivos. Na contramão dos fatos, o auxílio de mecanismos institucionais mais repressivos e a abundância de leis penais com a intenção de conter a criminalidade, opera em composição com a segurança pública. As decisões criminais, nesse caso, representam uma saída de mão única. Para enfrentar o problema da subversão e da transgressão da lei e da ordem, aplica-se a privação desproporcional da liberdade.

Tudo indica que as ameaças reais formam cicatrizes sociais e psíquicas marcadas por graus insuportáveis de angústia e sofrimento coletivo, clamando por medidas mais incisivas e penalizantes pretendendo castigar aqueles que ameaçam o bem-estar social. A função instrumental da pena se limita a intimidar e aplicar as penalidades mediante a prática da prevenção geral negativa, contrária à ressocialização ou custódia e neutralização da prevenção especial positiva. Exemplo disso é a Lei dos Crimes Hediondos, de 1990, expressão maior dessa orientação da política criminal da Lei e Ordem no Brasil.

Um ambiente provocado pelas manifestações de repúdio aos crimes contra os costumes e à liberdade sexual contribuiu para introduzir na época da reforma constitucional a Lei nº 8.072, de 25 de julho de 1990 que, "dispõe sobre os crimes hediondos, nos termos do artigo 5º, inciso XLIII, da Constituição Federal, e determina outras providências", de acordo com Antonio Lopes Monteiro, autor do livro *Crimes Hediondos: Texto, Comentários e Aspectos Polêmicos* (Monteiro, 1999).

Os crimes hediondos são aqueles que foram cometidos de forma brutal, horrenda e repulsiva, podendo causar indignação às pessoas ao exprimir em ato, uma sordidez feroz. A conduta delituosa é revestida de excepcional gravidade e, por isso, são insuscetíveis de anistia e de liberdade provisória, mas não são imprescritíveis.

Tais crimes estão previstos no artigo 1º da Lei, em sete incisos e parágrafo único. São os seguintes: homicídio simples, quando praticado em atividade típica de grupo e homicídio qualificado (com agravantes); latrocínio; extorsão comum qualificada pela morte; extorsão mediante seqüestro nas formas simples e qualificadas; estupro nas formas simples e qualificadas; atentado violento ao pudor nas formas simples e qualificadas; epidemia com resultado morte e genocídio.

A dosagem elevada da pena nos crimes hediondos prevaleceu por 15 anos até a decisão do Supremo Tribunal Federal, em 2006, por maioria dos votos, de que, em determinados casos, seja aplicado o princípio de progressão do regime penal. Com a nova Lei nº 11.464, de 2007, o condenado poderá se beneficiar da semiliberdade, desde que tenha cumprido dois quintos da pena e se for reincidente terá que cumprir três quintos da pena.

A promulgação da Lei dos Crimes Hediondos no cenário jurídico-penal "trouxe não só questões ligadas à inconstitucionalidade das regras que a integram, mas uma verdadeira balbúrdia em termos de razoabilidade punitiva", na opinião de Alberto Toron. Outros comentadores da lei, mencionados pelo autor do livro *Crimes hediondos: o mito da repressão penal*, dizem que a ênfase dada ao caráter hediondo do delito salienta os sentimentos de repugnância, horror e indignação da sociedade. Desse modo "uma possível definição, dada a elasticidade do significado da expressão, tornaria possível, ao sabor da formação ideológica ou cultural do juiz", dar um parecer segundo princípios subjetivos e, nesse sentido, a dificuldade de se achar uma definição legal de crime hediondo pode recair no valor moralizador da execução penal.

Ao contrário, outros especialistas pensam que a lei penal não deve apenas tentar uma ressocialização do indivíduo mas, também, proteger os cidadãos honestos que tentam viver dentro do caos formado pelo oportunismo, pela malandragem, miséria, falta de educação e saúde. Ademais, um indivíduo que mata outro para despojar bens, que priva a pessoa da liberdade para exigir resgate, que estupra mulheres sem qualquer condição de defesa, que tenta o extermínio de determinada raça, geralmente minoria incapaz de oferecer qualquer resistência, não possui a mínima chance de recuperação.

Nessa linha doutrinária, entende-se que a repressão à prática dos delitos sempre se deu por meio de penas duras, com as quais seria possível coibir a prática de delitos, aliado à estrutura relacionada à saúde e educação que todo indivíduo deve ter. A pena hoje não possui o caráter ressocializador mas, sim, punitivo. Mais ainda, possui a finalidade de livrar a sociedade honesta dos tipos perniciosos que são os indivíduos que insistem em infringir a lei.

Sob uma base punitiva julga-se que, se um criminoso tivesse de cumprir dez anos de prisão para depois ser libertado, é inegável que ele pensaria duas vezes antes de cometer o delito, pois a liberdade é um bem precioso para todos. Entretanto, nos delitos que envolvem a alteração da saúde mental, esse raciocínio vale pouco, pois, uma vez soltos, reincidem e praticam um tipo de psicopatologia delitiva.

O princípio legal de reserva do delito, *nullum crimen sine lege* [não existe crime sem lei] — que é uma forma de respeitar a condição ética humana na sociedade e que dispensa os métodos de tortura e confissões forçadas — só pôde emergir na história do direito penal, quando o Estado se separou do culto religioso. Esforçando-se para eliminar a pena de vingança privada, o Estado assume a ação de repressão e punição, cabendo-lhe a consecução do bem coletivo, segundo Noronha (2000).

A forma jurídica do delito diz respeito à conduta descrita na lei. Quando contraria a norma expressa, incorre o autor às sanções de censura e reprovação social. No fato criminoso, segundo a teoria clássica, o delito é considerado como uma ação típica, antijurídica e culpável. Segundo a teoria finalista, o crime é um fato típico e antijurídico. A culpabilidade não o integra mas passa a fazer parte apenas na aplicação da pena, pois o dolo e a culpa não estão inerentes e, sim, considerados elementos subjetivos do próprio tipo penal.

O elemento da tipicidade do delito integra as características próprias do sujeito ativo e em alguns casos do sujeito passivo. Quanto à antijuridicidade, o significado "exprime uma relação de oposição entre o fato e o direito", quando representa um valor contrário ao da norma jurídica. E a culpabilidade associada à responsabilidade compõe o elemento objetivo e subjetivo do delito.

O dolo e a culpa, segundo a teoria clássica, traduzem a especificidade da conduta criminosa e delinqüente. Duas visões, a psicológica e a normativa, fundamentam a ação culpável. Entendendo que as ações humanas são censuráveis e também sujeitas a serem proibidas, podemos explicar essas ações do ponto de vista da posição subjetiva em relação ao ato delinqüente e da reprovação da norma penal.

O dolo é um ato consciente e voluntário de executar uma ação ilícita que está em oposição ao dever ser jurídico. Há duas categorias legais para o dolo: direto e indireto. O dolo direto se constitui pelas noções de representação, vontade e consentimento, sendo que a atitude do sujeito ativo é egoísta e determinista. O dolo indireto comporta dois sentidos: alternativo e o eventual. O primeiro indica a intenção de provocar algum dano, independente do resultado alcançado e, no segundo, o agente prevê a possibilidade de causar um ilícito com a conduta e o aceita, caso o resultado (crime) venha a se concretizar.

O crime doloso é um delito, uma vontade deliberada do agente a fim de atingir uma finalidade específica, pensada e planejada, diferente do crime culposo que pode ser justificado pela negligência, imprudência ou imperícia numa situação previsível.

No direito penal romano, a culpa foi qualificada *in abstrato* e *in concreto*. Isso se devia aos princípios básicos da reserva do delito ou da tentativa de eliminar o arbítrio excessivo do poder jurídico. A culpa *in abstrato* era classificada em três modalidades — lata, leve e levíssima — concepção hegemônica também na Idade Média. A culpa *in concreto* dispensava a gradação da intencionalidade e de presunção, aceitando ser de caráter consciente e inconsciente. Trata-se sempre que, no princípio, há um comportamento doloso e, em seguida, um comportamento culposo, segundo o jurisconsulto Dante Pacini (1993). Costuma ser uma regra geral o crime doloso e a exceção, o crime culposo. A culpa diz respeito à previsibilidade do evento, seja pela ignorância ou pela consciência efetiva ou potencial da antijuridicidade (ilicitude), o autor será reconhecido como culpado.

IMPUTABILIDADE

O que era considerado da alçada da justiça, em relação às experiências da vida social e comunitária, norteou também tentativas de criar uma nosografia (classificação e explicação das práticas sexuais incomuns e das perturbações psíquicas), registradas no *DSM — Manual diagnóstico e estatístico de transtornos mentais* (APA, 2002), que inclui as variações dos atos cometidos que abarcam o delito.

Quando surgiu a medicina legal, no século dezoito, em Portugal, como uma matéria interdisciplinar que formava especialistas para atender aos interesses comuns da medicina e do direito, a psiquiatria forense despontou como um ramo do conhecimento das psicopatias, da loucura e dos desvios sexuais. Esses desvios eram flagrados na comunidade e serviam ao estudo de casos complexos que requeriam esclarecimento e verificação de fatos jurídicos.

A imputabilidade é um conceito que fundamenta a capacidade do sujeito ativo compreender a responsabilidade do ato, arcando com as conseqüências jurídicas do crime. Essa deve acontecer no momento em que cometeu o delito, reconhecendo, em seguida, o elemento da culpabilidade. As causas da exclusão da imputabilidade estão associadas à perturbação da saúde mental, desde que haja sintomas de doença mental. A inimputabilidade aplica-se mediante a constatação de "...doença mental ou desenvolvimento mental incompleto ou retardado", conforme o artigo 26 do Código Penal Brasileiro.

A confirmação da inimputabilidade ou da semi-responsabilidade é detectada pela avaliação do laudo psiquiátrico e o agente pode responder pelo crime com medidas preventivas, tais como as medidas de segurança ou a diminuição da pena. O laudo psicológico, outro dispositivo de avaliação, serve também, em face das causas da semi-responsabilização do agente, para detectar a falta de compreensão intelectiva e volitiva da ação delituosa.

O Código Penal, mediante dispositivos próprios, enfrenta os dilemas da responsabilidade ou da irresponsabilidade humana. O exame pericial tem a finalidade de comprovar, apesar da constatação anterior de doença mental, se o sujeito tem a capacidade de entender a ilicitude daquele comportamento. As atribuições expressas na lei sobre a imputação do sujeito só podem ser acolhidas em condições de absoluta certeza do término da periculosidade. A detenção, nesses casos, pode ser por tempo indeterminado (prazo mínimo de um ano — artigo 97, §1º, do Código Penal), com internação na Casa de Custódia e Tratamento ou Manicômio Judiciário. A intervenção nessas instituições deveria ser de natureza terapêutica, porém a prática existente é também punitiva.

O conceito de periculosidade no Direito Penal parece indispensável para a aplicação da medida de segurança, não apenas para os doentes mentais como também para os infratores que apresentam condutas criminosas.

No Código Penal, os artigos 213, sobre o estupro, e 214, sobre o atentado violento ao pudor, tratam dos crimes contra os costumes e a liberdade sexual, cabendo ao primeiro a definição: "constranger a mulher à conjunção carnal, mediante violência ou grave ameaça", e ao segundo "constranger alguém, mediante violência ou grave ameaça, a praticar ou permitir que com ele se pratique ato libidinoso diverso da conjunção carnal" (extraído do *Código Penal Anotado*, de Damásio Jesus, 2002).

Em ambos, o ato sexual deve ser tomado como referência fundamental para caracterizar a diferença objetiva e subjetiva do delito. A conjunção carnal é a cópula vaginal ou a penetração do membro viril na vagina, seja pelo *coito interruptus* ou completo. O ato libidinoso "é o que visa ao prazer. É todo aquele que serve de desafogo à concupiscência. É o ato lascivo, voluptuoso, dirigido para a satisfação do instinto sexual". Na prática, consideram-se o coito anal e o sexo oral como atos libidinosos diversos da cópula normal, implicação que regulamenta como norma a relação sexual heterossexual.

Devemos ainda distinguir o artigo 233, sobre o ato obsceno, situado no capítulo sexto do ultraje público ao pudor, definido como "praticar ato obsceno em lugar público ou aberto e exposto ao público", caso do delito de "exibição do órgão genital quando há ofensa ao pudor público". Quando se trata de pornografia infantil (Estatuto da Criança e do Adolescente, Lei nº 8.069/90, artigos 240 e 241), o artigo 234 do CP, sobre escrito ou objeto obsceno, o sujeito ativo pode ser "qualquer pessoa", que produz, distribui ou expõe à venda (ou ao público) material fotográfico e cinematográfico envolvendo crianças e adolescentes.

Os artigos do Código Penal Brasileiro, citados acima, correspondem, em grande medida, ao problema da exploração comercial e sexual infantil e à pornografia infantil veiculada na Internet. É grave a situação processual do sujeito ativo, quando se trata de constranger o menor de catorze anos de idade à conjunção carnal, mediante violência ou grave ameaça. O estupro e o atentado violento ao pudor contra criança constituem crimes hediondos se a vítima for menor de catorze anos. Porém, sofrem um aumento da pena — para mais da metade — quando as circunstâncias envolvem vítima menor de catorze anos, "alienada ou débil mental, conhecendo o agente a deficiência ou quando ela não pode, por qualquer outra causa, oferecer resistência".

Os crimes contra os costumes e a liberdade sexual

– Estupro e Conjunção Carnal

O significado do termo estupro provém do latim *stuprum*, "em sentido lato, qualquer congresso carnal ilícito. Em sentido estrito, impõe penalidades a qualquer um que, sem usar de violência. seduz virgens ou viúvas de vida honesta [*stupri flagitium punitur cum quis sine vi vel virginem vel viduam honeste viventem stupraverit*]", como esclarece o jurista Francisco Raulino Neto ciando a *Lex Julia* de Augustus [18 a.C.], na tese de mestrado. Não se exige do sujeito passivo qualidades específicas por se realizar apenas com uma mulher, seja ela desonesta, prostituta ou recatada e de moral idônea.

Embasado na doutrina italiana, o Código Penal brasileiro diverge da fonte inspiradora ao estabelecer que só a mulher seria sujeito passivo no crime de estupro. Muitos autores questionam a legislação brasileira por desconsiderar a pederastia violenta contra o sexo masculino como crime de estupro, criando um contra-senso na limitação da lei e uma moral sexual retrógrada.

No parágrafo da conjunção carnal, a lei fica expressa pela natureza da relação sexual normal. Não consiste em "outros atos libidinosos ou relações sexuais anormais, tais como o coito anal ou oral, o uso de instrumentos ou dos dedos para a penetração no órgão sexual feminino ou a cópula vestibular, em que não há penetração", segundo o jurista Damásio de Jesus (2002).

Sobre o momento da consumação do crime, a penetração do pênis na vagina é representada pelo ato de estuprar, enquanto o simples contato dos órgãos genitais é encarado como tentativa. Aqui, deve ser analisado caso a caso, pois o fundamental para saber se o agente queria ou não praticar a conjunção carnal ou atos sexuais diversos está nas circunstâncias que envolvem o fato. Se o agente, ao render a vítima, menciona alguma frase que não deixa qualquer dúvida quanto à intenção de manter com ela relação carnal ou se tira o pênis para fora da calça, obrigando a vítima a despir-se e, se por qualquer razão acaba não consumando a conjunção, deve responder pela tentativa de estupro e, não, por atos libidinosos. Se, no mesmo exemplo, antes da conjunção carnal, o agente obriga a vítima a praticar com ele sexo oral, deve responder por atentado violento ao pudor consumado de tentativa de estupro.

Diante de opiniões diversas, a defesa costuma alegar serem os atos anteriores ao estupro mera preparação e, como tal, insuscetíveis de punição. Os promotores divergem quanto a esse ponto, entendendo que, na consumação do estupro, o ato sexual é fato. Portanto, se o agente realizou quaisquer desses atos ou obrigou a vítima a fazê-los, a conduta constitui um *plus* em comparação àquele que praticou a conjunção carnal sem valer-se de tais atos e deve responder por isso diante da tipificação legal do atentado violento ao pudor, junto com o estupro.

Na violação do objeto jurídico da liberdade sexual da mulher, o sujeito ativo exerce a função de transgredir a significação jurídica desse crime. O ato jurídico, pautado num esquema de normas que lidam com os fatos objetivos da conduta, reconhece, na relação sexual, o caráter jurídico determinado pelo padrão biológico da cópula. Nesse caso, não se pode exigir da mulher a resistência às últimas conseqüências, pois ela pode, por exaustão das próprias forças deixar de resistir, importando que não haja a adesão à vontade do agente.

A expressão "mediante violência ou grave ameaça" na situação do estupro diz respeito à "inequívoca resistência" da vítima de algo a que se opõe, demonstrando a vontade de evitar o ato desejado pelo agente. No estupro, ficto (simulado) ou presumido, constata-se que a violência presumida precedeu o ato, sob o emprego eventual da violência moral e também física. Quanto às provas que buscam demonstrar os vestígios da violência, deve-se examinar o corpo de delito, embora alguns casos são dispensados, quando a violência física é feita por ameaça à mão armada.

Com o objetivo de estabelecer políticas criminais, o Instituto de Segurança Pública, o Núcleo de Pesquisa em Justiça Criminal e Segurança Pública — NUPESP, do Rio de Janeiro, elaborou o *Dossiê Mulher*, mapeando os 1.416 casos de estupros ocorridos no Rio de Janeiro, registrados em 2005. Entre as vítimas, uma em cada três tinham entre doze e dezessete anos e nos crimes cometidos por parentes, o alvo é a criança e o adolescente.

– Atentado violento ao pudor e o ato libidinoso

Heleno Fragoso, autor de diversos livros de Direito Penal, diz que o ato libidinoso é "todo ato atentatório ao pudor, praticado com o propósito lascivo ou luxurioso", em relação a alguém que não desejou tal gesto. A interpretação da lei, quando diz respeito à esfera da sexualidade, precisa levar em conta o momento histórico da cultura, da moralidade e dos costumes sexuais em voga. O beijo, o *cunnilingus, anilingus*, coito anal e oral, mesmo sendo atos libidinosos, são componentes da relação sexual. Entretanto, se a finalidade for espúria e a vítima for coagida, fica reconhecido o delito.

Em razão disso incluir o atentado violento ao pudor entre os crimes hediondos, causou uma certa estranheza no mundo jurídico. A crítica especializada só pôde justificar essa inclusão, por reconhecer que, no caso do estupro, é a mulher o único sujeito passivo, porque o Código Penal entende que o coito anal não caracteriza uma relação sexual. Entretanto, quando o homem sofre violência sexual, o crime recai no artigo 214.

Mas o contato físico é imprescindível. Todas as modalidades — passar as mãos nas nádegas, nas coxas e nas partes íntimas da vítima — integram o caráter libidinoso. Se houver intenção e consciência libidinosa, configurando um sentimento de constranger a moral e o pudor coletivo, com a finalidade de "satisfação de um impulso de luxúria", assim como a "visão lasciva", constituirá atentado violento ao pudor.

No atentado violento ao pudor, a modalidade da surpresa parece predominante enquanto presunção de violência, se a vítima estava desprevenida e não poderia se antecipar frente ao atentado. Mesmo considerando que o atentado violento ao pudor foi praticado de surpresa, é inegável que, assim como no estupro, teve também uma preparação ou um *inter criminis*. A saber: aguardar que a vítima passe por determinado local, imobilizá-la ou ameaçá-la.

As divergências da doutrina quanto ao elemento subjetivo do delito referem-se ao conteúdo intencional da conduta, significando que o objetivo era uma satisfação do apetite sexual ou uma tentativa de atentar contra o pudor da vítima. Apesar das diferentes concepções sobre o estupro e o atentado violento ao pudor, a ação penal não distingue as peculiaridades de cada delito, aplicando as mesmas penas para ambos: de seis a dez anos de reclusão.

– Ato obsceno

Os artigos 233 e 234, que compõem crimes do ultraje público ao pudor, têm, como objeto jurídico, a moralidade sexual pública. O ato obsceno fica definido como manifestação corpórea, de cunho sexual, que ofende o pudor público, quando praticado em lugar aberto e acessível a um número indefinido de pessoas. O objeto obsceno pode aparecer sob a forma de filmes, pôsteres, chaveiros pornográficos etc. A pena para o artigo 233 varia de três meses a um ano ou multa e, no artigo 234, a pena de detenção é de seis meses a dois anos ou multa.

Na Lei nº 8.069/90 do Estatuto da Criança e do Adolescente, artigo 240, pune-se quem se envolve com a pornografia infantil, do produtor ao diretor do produto obsceno, seja por "produzir ou dirigir representação teatral, televisiva, cinematográfica, atividade fotográfica ou qualquer outro meio visual, utilizando-se de criança ou adolescente em cena pornográfica, de sexo explícito ou vexatória". A pena é de dois a seis anos de reclusão.

Delitos na Internet: combate explícito

A *cyber* criminalidade tem sido um grande desafio para os investigadores da Interpol (International Criminal Police Organization) e para as políticas de luta contra a pornografia infantil. Em abril de 2001, ficou pronto o projeto do tratado da Europa sobre os crimes na Internet. Parlamentares europeus afirmaram que a luta contra os delitos na Internet constitui um desafio da maior importância para preservar o desenvolvimento dessas novas tecnologias que a criminalidade pode obstruir.

No Brasil, os crimes cometidos no âmbito da Internet, de corrupção de menores (artigo 218 do Código Penal), publicação de fotos ou cenas de sexo explícito ou, ainda, pornografia, envolvendo menores (artigo 241 do Estatuto da Criança e do Adolescente), referem-se à tutela da infância e correspondem aos delitos contra os costumes. O objeto jurídico em questão, segundo o jurista Nelson Hungria, concerne à "ética sexual" em relação às crianças e aos adolescentes de acordo com o comentário ao Código Penal, publicados pela *Revista Forense*.

A Lei diz no artigo 218: "corromper ou facilitar a corrupção de pessoa maior de quatorze e menor de dezoito anos, com ela praticando ato de libidinagem ou induzindo-a a praticá-lo ou presenciá-lo". A pena de reclusão é de um a quatro anos. O sujeito ativo pode ser qualquer pessoa que tenha a intenção deliberada de "perverter, viciar e depravar" um adolescente, entendendo o ato de corromper o menor por meio da sedução sexual. Tal façanha requer *in loco* a presença do "corruptor", por se tratar, na cena perversa, do contato físico e erótico.

Em vista dos fatos, especialistas da comissão de estudos da ABDIT — Associação Brasileira de Direito de Informática e Telecomunicações concluíram "o quão difícil é incriminar alguém que transmite material pornográfico via Internet", de acordo com a ata da terceira reunião, de 2 de julho de 1999.

Segundo a comissão, na hipótese de o sujeito veicular material pornográfico numa página da Internet, entende-se que o acusado atinge "um número indeterminado de pessoas" e de todas as faixas etárias. Nesse sentido, não se poderia vislumbrar a incidência do artigo 218 do Código Penal, do mesmo modo como "é difícil configurar a intenção de corromper" uma determinada pessoa, maior de quatorze e menor de dezoito, uma vez que o acesso à Internet é livre a todos.

Deve-se ressaltar que veicular mensagens eletrônicas com fotos de crianças ou adolescentes em poses eróticas difere do ato de publicar, "não sendo a primeira conduta equiparável à divulgação de imagem para um número indeterminado de pessoas". Desse modo, desde que o Brasil adotou a doutrina de proteção integral na Constituição Federal de 1988 e com a alteração pela Lei nº 10.764 do artigo 241 do Estatuto da Criança e do Adolescente, em novembro de 2003, pode-se punir quem:

> "Apresentar, produzir, vender, fornecer, divulgar ou publicar, por qualquer meio de comunicação, inclusive rede mundial de computadores ou internet, fotografias ou imagens com pornografia ou cenas de sexo explícito envolvendo criança ou adolescente. Pena: reclusão de dois a seis anos e multa.
> "§ 1º — Incorre na mesma pena quem:
> I — agencia, autoriza, facilita ou, de qualquer modo, intermedeia a participação de criança ou adolescente em produção referida neste artigo;
> II — assegura os meios ou serviços para o armazenamento das fotografias, cenas ou imagens produzidas na forma do *caput* deste artigo;
> III — assegura, por qualquer meio, o acesso, na rede mundial de computadores ou Internet, das fotografias, cenas ou imagens produzidas na forma do *caput* deste artigo.
> § 2º — A pena é de reclusão de três a oito anos:
> I — se o agente comete o crime prevalecendo-se do exercício de cargo ou função;
> II — se o agente comete o crime com o fim de obter para si ou para outrem vantagem patrimonial."

Por outro lado, a ONG SaferNet Brasil que recebe denúncias anônimas *online* sobre crimes de violação aos Direitos Humanos praticados na Internet, constatou que entre 8 e 28 de março de 2006, duas mil e duzentas e cinqüenta denúncias foram feitas e a maioria são casos vindos da comunidade virtual Orkut, filiada à Google. Thiago Tavares, presidente da SaferNet, fez um dossiê com cinco mil registros de pornografia infantil enviando ao Ministério Público, com a intenção de mobilizar os parlamentares a aprovarem uma emenda constitucional que apure os crimes na rede.

O ato de publicar cena de sexo explícito implica que alguém produziu e montou situações de libidinagem, capazes de estimular o desejo sexual. Assim, a pornografia infantil aparece como um espetáculo que descreve o que, um dia, foi pensado ou imaginado mas nunca visto de forma tão nítida: os efeitos cênicos da pedofilia virtual. A interpretação da palavra "pornografia" parece polêmica e antagônica porque, de um lado, o objeto obsceno promove a fascinação e, de outro, exalta o pudor e a vergonha.

Segundo Romero Lyra (2001), professor de Direito da Pontifícia Universidade Católica do Rio de Janeiro, os crimes sexuais contra crianças e adolescentes — pedofilia na Internet — devem ser apurados sob o prisma de uma "larga compreensão de toda problemática jurídica que envolve o tema, sob pena de permanecermos estagnados no segundo milênio, com as vetustas máquinas de escrever, desorientados, enquanto as organizações criminosas caminham com celeridade, a passos largos, para o século XXI".

Um estudo do professor de cibernética Kevin Warwick, da Universidade de Reading, na Inglaterra, que desde 1998 realiza experimentos denominados "Projeto Ciborg" e "implantou um *chip* no braço esquerdo para estabelecer uma comunicação entre o sistema nervoso da pessoa e um computador" tendo conseguido que o computador monitorasse os seus deslocamentos. A intenção final seria monitorar o comportamento humano. O cientista acredita que essa técnica poderia ter várias aplicações práticas no cotidiano, entre outras, ser implantado em criminosos e pedófilos, segundo reportagem na *Folha de S. Paulo* de 7 de janeiro de 2006.

No caldeirão da pedofilia que ferve e transborda de pornografia na Internet, foram encontradas diversas conexões entre máfias criminosas na Alemanha, França, Grã-Bretanha, Itália e Holanda. Em uma megaoperação da Interpol, em 1998, mais de cem pessoas de uma rede internacional denominada Wonderland (País das Maravilhas) foram detidas e acusadas de estarem atuando na Internet com a pornografia pedófila. O detetive John Stewardson, responsável pela operação denominada Catedral, disse, na época, que "para serem aceitos como membros do clube de pedófilos, os candidatos tinham de comprovar a posse de um arquivo de, pelo menos, dez mil imagens 'indecentes' e não repetidas de crianças", de acordo com matéria publicada em 1998 pela *Folha de S. Paulo*.

Depois dessas gigantescas operações, a Holanda, Suécia e Alemanha resolveram criar um projeto de cooperação e troca de informação sobre a pedofilia na Internet. Apesar de todos os esforços e das dificuldades encontradas pela Interpol em relação à diversidade das legislações, o desafio de cada país seria lidar com as novas tecnologias, sem acarretar censura. Aliás, "os países europeus liderados pela França, rejeitaram uma idéia dos Estados Unidos de criar uma *cyber* polícia, um órgão global que teria a tarefa de combater os crimes na Internet", conforme a *Folha de S. Paulo* de 17 de maio de 2000.

Desde a reunião de 1999, cujo tema foi a exploração sexual de crianças, pornografia e pedofilia na Internet, na cidade de Lyon, apareceram mais informações sobre a combinação explosiva de pornografia infantil com a Internet. De acordo com as pesquisas feitas pelo Departamento Federal de Justiça dos Estados Unidos e pelo Parlamento Europeu, descobriu-se cerca de 17 mil *sites* na *web* mundial. E, em virtude de a pornografia infantil proliferar no ciberespaço, coube a Interpol criar dispositivos de rastreamento e busca de *sites* e grupos de discussão sobre tendências sexuais tais como o incesto e a pedofilia.

Dados da Interpol revelam que "as produções feitas dessa forma estão ocorrendo cada vez mais ao vivo, o que quer dizer que as crianças são estupradas e torturadas a pedido, com transmissão simultânea para os computadores de várias pessoas", conforme matéria na *Folha de S. Paulo* de 20 de janeiro de 1999. As transações comerciais movimentam cinco bilhões de dólares em todo mundo e, desse total, 300 milhões correspondem à vendas de fotos e vídeos contendo abuso sexual contra adolescentes e crianças", segundo matéria da *Folha de S. Paulo* de 16 de janeiro de 2001.

Um exército de soldados, guardiões cibernéticos, olheiros da navegação e patrulheiros são alguns dos agentes de repressão que formam a barreira contra as imagens da pedofilia virtual. Os *cyberangels*, grupo que, desde 1995, mantém um programa de vigilância e educação, promove fóruns de discussões, com linguagem direta e didática sobre abuso sexual infantil. O FBI americano também assessora a polícia com "tecnologias secretas": um *software* "capaz de rastrear os *emails* e os números da conexão de qualquer pessoa do mundo, em busca de provas". Outra estratégia utilizada pelos agentes policiais é entrar nas salas de *chat* disfarçados, para descobrir possíveis suspeitos.

Existem também, no mercado, protetores e bloqueadores domésticos que interditam temas de sexo, ódio, drogas e violência. Um dos mais conhecidos, o *SurfWatch,* possui um banco de dados atualizado desse material e serve para proteger as crianças da pornografia e das salas de bate-papos. O programa *Cyberpatrol* possui o recurso de impedir que as crianças passem informações como nome, endereço de email e número de telefone pela rede.

Os *sites* de pornografia infantil se instalam e se escondem em diretórios "dentro dos servidores que oferecem hospedagem gratuita". Para se ter uma idéia, apenas 7.600 sites foram retirados de circulação, desde 1995, e isso significa pouco em relação à extensa e ampla disseminação da pornografia infantil na rede.

Apesar de todo esse aparato, a ofensa *online* contra crianças e adolescentes se expande. Segundo a polícia suíça, "das 400 denúncias recebidas, 60% eram relativas aos álbuns de fotos", tal qual foi descrito por Fabio Reis, autor do Relatório do I Congresso Internacional sobre Pornografia Infantil na Internet, realizado em 2002. Essas imagens reproduzem a realidade por intermédio de uma aparente semelhança que pode conduzir a interpretações ambíguas, pondo em jogo a veracidade do conteúdo.

OS DIREITOS DA CRIANÇA

Maria Luíza Marcílio, professora titular do Departamento de História da Universidade de São Paulo, no texto "A lenta construção dos direitos da criança brasileira — século XX" (Marcílio, 1998), mapeia, em ordem cronológica, os princípios dos direitos da criança. Segundo a autora, em 1923, a organização não-governamental International Union for Child Welfare, desencadeou o surgimento da luta política e ideológica em favor da infância. Na seqüência, a partir de 1946, a Unicef socorre as crianças dos países devastados pelas guerras internas e externas. Mas apenas em 1959 as Nações Unidas proclamam a Declaração Universal dos Direitos das Crianças, reconhecendo que elas são prioridade absoluta e sujeito de direito.

O primeiro instrumento jurídico internacional incorporado ao campo dos direitos humanos foi a Convenção dos Direitos da Criança, realizada em 1989, na qual todos os governos se comprometeram a cuidar, proteger e oferecer condições dignas de desenvolvimento familiar, cultural e educacional. A convenção estabeleceu pautas em relação à saúde, educação e prestação de serviços jurídicos, civis e sociais.

Depois, foram convocadas outras reuniões e encontros internacionais, como o Congresso Mundial contra a Exploração Sexual Comercial de Crianças, em Estocolmo, em 1996, que reuniu 84 ganhadores do Prêmio Nobel, ao lado da rainha Silvia da Suécia, na luta pela infância e contra a pornografia eletrônica.

A elaboração de ações e programas eficazes frente à exploração sexual e comercial contra meninos, meninas e adolescentes só se concretizou nesse ano, graças ao trabalho desenvolvido pela ONG ECPAT (End Child Prostitution in Asian Tourism). A partir daí, se reconheceu que o explorador e abusador pratica crime contra a humanidade, expresso na legislação internacional da Declaração Universal dos Direitos Humanos. Desde então, as agências internacionais e as organizações não-governamentais — por meio de cooperação técnica e financeira em projetos de combate ao fenômeno — têm priorizado as campanhas preventivas, seminários nacionais e internacionais e redes de atendimento às crianças vitimizadas.

Os meios de exploração sexual infantil envolvem um sistema de redes de pessoas que trabalham no sentido de obstruir o curso normal da infância, provocando traumas psíquicos como depressão, tentativas de suicídio ou dificuldades afetivas e físicas como doenças transmissíveis por contato sexual ou lesões corporais.

Os fenômenos de violência doméstica e social brotam em diferentes cidades do país, com padrões de conduta e de ação dos agenciadores, que vão da dissimulação dos sujeitos que seqüestram e traficam crianças, até aos pedófilos que sentem atração sexual por crianças.

... "uma atividade sistêmica, triangular e criminosa. É sistêmica por ser desenvolvida e mantida pela indústria sexual e pornográfica (mercado público que visa o lucro) e pelo mercado sexual privado (tem por fim o prazer do cliente). Em ambos, há sempre o papel intermediário (aliciador, controlador, rufião, cafetão — exploradores, enfim). É triangular porque se desenvolve entre o intermediário, o cliente e a menina. O primeiro recebe o pagamento; o segundo paga pelo corpo esbelto e de pele macia; a menina é levada a se vender e a submeter-se à vontade de quem lhe paga e a usa e também daquele que a explora financeiramente. É uma atividade criminosa porque se exerce no mundo da clandestinidade, favorece o enriquecimento ilícito sem causa e provoca total desagregação da natureza sexual da vítima — devido à ação permanente e contínua do agente, que usa de meios fraudulentos e enganosos, numa verdadeira prática de estelionato sexual."

Dessa forma, a dimensão legal referente à exploração sexual infantil tem por orientação fornecer um conjunto de medidas preventivas e de desmobilização do agressor, sendo que a agenda de ação de Estocolmo, de 1996, descreve que "todo tipo de atividade em que as redes, usuários e pessoas que usam o corpo do menino ou da menina e do adolescente para tirar vantagem ou proveito de caráter sexual, com base numa relação de exploração comercial e poder é crime contra a humanidade", citada no relatório final da Unicef Brasil, de 1999. Depois da mobilização em Estocolmo, aconteceram o Congresso de Yokohama, em dezembro de 2001, e o Congresso Internacional sobre Pornografia Infantil na Internet, na Suíça, em junho de 2002.

No Brasil, o Estatuto da Criança e do Adolescente (ECA), promulgado em 1990, ampliou a participação do governo, propiciando intensa movimentação de organismos de atenção à infância. Apesar de o ECA representar um instrumento jurídico de salvaguarda da infância, a realidade nacional demonstra que a violação dos direitos da criança é diária e intensa nas regiões Norte e Nordeste.

Nessas regiões, o garimpo, os cárceres privados e os prostíbulos reproduzem os modos bárbaros de violência e humilhação, além de lesão física, mutilações e tráfico, com leilões de virgens. O turismo sexual e a prostituição de ruas e estradas representam a marginalidade das cidades litorâneas. Redes de aliciamento favorecidas por agências de turismo nacionais e estrangeiras exploram representantes do sexo feminino, o que inclui o tráfico para outros países.

A exploração sexual de meninos, meninas e adolescentes representa uma face dessa violência que expõe o caráter das relações de poder do adulto com a criança. A pobreza, de longe, deve ser considerada causa fundamental do abuso, pois as pesquisas e os estudos intrafamiliares ou extrafamiliares indicam índices elevados entre as camadas mais pobres da população. Entretanto, o abuso não deixa de se manifestar nas famílias de classe média e alta.

É evidente que o desemprego, a promiscuidade, a falta de alojamento, o analfabetismo, entre outros fatores socioeconômicos, contribuem de maneira imediata para a violência concreta dos mais fortes sobre os mais fracos. Nesse processo autoritário, nota-se uma desestruturação dos valores éticos e morais em diferentes contextos institucionais: nas escolas, nas ruas, no ambiente familiar e na polícia.

FINAL

Encontro com o real

A pornografia infantil eletrônica como sintoma da cultura convoca a criança a representar o objeto fálico, ao mesmo tempo desejado e interditado. A pedofilia virtual expõe a criança como signo do desejo e do gozo do pedófilo. Sabe-se que o adulto deve renunciar a esse eventual desejo e não prejudicar ou produzir traumas no curso da infância. Entretanto, a profusão de *sites* pornográficos pretende converter a proibição em permissão.

Ora, o adulto abusador se comporta como se a transgressão não fosse nada de mais, consolando-se com a idéia de que a criança ainda não sabe nada e logo esquecerá tudo. Não é raro ver o sedutor aderir à religião ou às seitas que professam doutrinas fechadas para se livrar do sentimento de culpa que o acomete. Outros desenvolvem o cinismo e a libertinagem como "virtudes" da vida sexual, cumprindo, passo a passo, a cartilha dos ritos perversos, até serem denunciados.

Como disse Serge André (1999), "a pedofilia se define como o amor das crianças" e "o discurso do pedófilo se funda sobre a tese de que a criança consente nas relações com ele". Ao sustentar essa idéia, o pedófilo acredita haver um erotismo espontâneo na criança já que ela não impede os atos libidinosos dos adultos.

As crianças que sofreram abuso se sentem sem defesa física ou moral, com a personalidade ainda muito fraca para poder protestar contra a força e a autoridade esmagadoras do adulto. Elas emudecem e podem até perder consciência, como explicou Sandor Ferenczi (1988). O transe traumático da cena sexual atinge o ponto culminante quando a criança, sem alternativa, obedece às cegas à vontade do agressor. Até lá, resiste de todas as formas, dizendo que "isso machuca", "isso dói" ou "eu não quero" mas, aprisionada, reage ao brusco desprazer, refugiando-se no mundo interno.

Antes do fenômeno mundial da pedofilia virtual, as manifestações traumáticas, insinuadas pelas crianças, eram pouco escutadas. Só com as campanhas e os grupos defensores da infância esse estado de coisas mudou, em virtude de os pais e educadores darem maior crédito à linguagem infantil. Com a implementação do Conselho Tutelar, instrumento mais importante do Estatuto da Criança e do Adolescente, as políticas de atendimento passaram a priorizar a doutrina de proteção integral. Isso significa que os menores devem receber cuidados especiais, porque são pessoas em condição peculiar de desenvolvimento, não podendo prover, sem ajuda, as necessidades básicas do crescimento.

A mídia assume uma função determinante nesse processo de apreensão e recepção da mensagem. Entretanto, a referência adquirida pelo leitor sobre o assunto depende de enunciados que fazem parte do enquadramento que o "saber jornalístico" transmite. Das observações colhidas, constatamos que, embora a mídia tente prevenir e encontrar soluções para o problema, acaba exercendo um papel ambivalente porque destaca também o caráter insuportável da pedofilia. O atentado violento ao pudor e o ato obsceno desnudam o objeto de desejo do pedófilo, ofendendo o pudor público até atingir o desprezo do outro pelo que se vê dos objetos ou escritos obscenos.

Os fenômenos da pedofilia põem em relevo o caráter obsceno da linguagem e das formas de comunicação e representação do objeto. O corpo infantil, erotizado pelo ato pedófilo, detona um circuito libidinal destoante daquele que o pudor público reconhece sobre a sexualidade infantil. Segundo George Bataille (1987), o obsceno não é "um objeto mas uma relação entre um objeto e o espírito de uma pessoa". Essa definição indica que o obsceno varia de acordo com a época, a visão pessoal e o ultraje sentido. Do ponto de vista do receptor, que se depara com a pornografia infantil eletrônica, as reações emocionais adquirem posições instáveis e arbitrárias, que variam da indignação à tentação do desejo erótico proibido.

Nesse contexto, a pedofilia virtual representa o "avesso da pedagogia" que tem a função de indicar como o Outro goza, quando expõe a céu aberto fotografias eróticas de crianças para provocar um estranhamento no eu. Evidencia-se uma lógica pedófila, em que o desejo e o gozo nunca se separam, transformando a criança em uma depositária da idéia de completude.

Segundo Serge André, a sociedade contemporânea tende a considerar a infância, pelo viés da *infantolâtrie*, decorrentes das inúmeras manifestações de medo e pânico que o pedófilo provoca nas pessoas. Diante de uma concepção generalizada e triunfante do ser pedófilo, questiona André, "não poderia ser esse medo a revelação da significação da nossa própria idealização da infância?"

Na lógica pedófila, a violação do pudor com as imagens da pedofilia virtual assinala o momento em que algo do recalque fica afetado, desvelando a significação fálica da ilegitimidade do ato perverso. O pudor encontra-se alojado, segundo Freud, nos três diques da moral: o asco, a vergonha e o nojo. A atitude moral da população perante o molestamento sexual expõe de que maneira a consciência censura o imoral, o injusto e o escandaloso. Entretanto, a fonte de todo o escândalo, toca de perto o desprezível da experiência humana, isto é, rejeitam-se certos desejos que costumamos experimentar.

A presença do mal-estar da sexualidade pedófila e a transgressão da lei do incesto marcam a cruzada do pedófilo por um mundo vazio que anula o sistema genealógico das proibições simbólicas.

O segredo do sexo e o enigma da diferença sexual — para a criança — funcionam como divisores de águas entre as gerações, dependendo da proibição do incesto que, na expressão mais patente, significa não participar da cena original do sexo dos pais. Na pedofilia virtual, o sexo com criança é potencializado pela nudez mostrada, condenando ao fracasso a linguagem, isto é, "o único veículo para a proibição do incesto", segundo escreveu, em 1969, o psicanalista francês Guy Rosolato (1974).

A diferença dos sexos não é uma simples comprovação anatômica, conforme alguns tentam afirmar. Esse sentido ultrapassa a conformação física. Em princípio, o trato e o acordo simbólico com a lei inscreve a criança no sistema significante da sexualidade, na qual a distinção anatômica põe em questão o valor do falo como significante da falta. A importância da experiência visual e o impacto terrível da ameaça de castração situam o ser infantil na trilha do Édipo e da evolução individual.

As crenças e as fantasias infantis em relação ao monismo sexual (a idéia de que existe um só gênero), ao falocentrismo (a noção de que tudo tem falo), ao tabu e ao segredo do sexo demonstram "aquilo que não se deve dizer e tudo o que se pode dizer no lugar daquilo", conforme Guy Rosolato. Nesse sentido, as imagens da pornografia infantil eletrônica equivalem às fantasias sexuais inconscientes. A visibilidade do órgão genital desperta, na criança, a atividade auto-erótica de olhar a si mesma como objeto erótico de desejo do pedófilo e a leva a desenvolver mecanismos de defesa contra o desprazer do ato proibido.

O conflito se instala na perspectiva das forças existentes entre o princípio de prazer e o princípio de realidade. A oposição entre ambos assume a forma de uma fobia ou de um fetiche. Não é à-toa que a precocidade erótica da criança constitui fonte de indagação de estudiosos, uma vez que programas de auditório e desfiles mirins promovem, de forma indireta, a abreviação da primeira infância, obstruindo os meios normais de alcançar o estágio mais elevado do desenvolvimento psíquico.

A dimensão imaginária do fetiche prevalece, cada vez que a sexualidade perversa obstrui o caminho de recalcamento da fantasia sexual infantil. Com efeito, o valor obsceno da imagem se fixa como testemunha da inversão daquilo que deveria estar recalcado mas que, sob os auspícios da pedofilia, faz existir na objetivação do ato perverso. O factível realça a função psíquica das lembranças encobridoras, "que, por deslocamento, passa a mascarar uma outra lembrança recalcada ou não guardada", como diz Elisabeth Roudinesco sobre esse conceito freudiano (Roudinesco e Plon, 1998).

O desejo do sedutor destrava a fantasia sexual recalcada e, com a vítima, procura realizar a cena sexual ou a "cena primária". O acesso ao universo das delícias eróticas proporciona ao pedófilo um verdadeiro frenesi, como se, finalmente, tivesse em mãos o objeto exclusivo. A solução fetichista de se identificar com o falo da mãe e desviar-se da ameaça de castração, pode esclarecer como a fascinação pelo fetiche sustenta a posição do pedófilo.

Na perspectiva da criança, a incômoda posição que lhe é atribuída, o brusco desprazer vivido e a frágil defesa sublinham o estado real em que se encontra quando é capturada ou seqüestrada para satisfazer a pulsão sádica do pedófilo. Depois, essa experiência passa a atormentá-la para sempre, a ponto de desenvolver mecanismos fóbicos aliados à vida sexual e afetiva.

Devemos prestar atenção aos intrincados nós que o fenômeno abrange em relação às formas de tratamento. O psicanalista jamais compactuará com o desejo sexual do pedófilo, reconhecendo que, além de ser um crime, está diante de uma patologia psíquica. Atento às vias perversas do desejo do sujeito, urge conhecer e saber mais — no ambiente da clínica — sobre os caminhos que conduzem à libido desfocada e errante descrita na pedofilia.

Deixar apenas para a Justiça a tarefa de julgar e prender o criminoso sexual resolve o problema de forma temporária, uma vez que o sujeito fica privado da liberdade. Porém, quando solto, ele volta a agir, sob o ímpeto da pulsão patológica. O pedófilo deveria receber tratamento psicológico nas prisões, a fim de entender o que se passou, em vez de reservarmos a ele apenas uma punição, só para satisfazer o sentimento de vingança da sociedade.

A prevenção começa antes do ato de abuso sexual, nas escolas, dentro de casa, nos centros comunitários e na mídia em geral. O risco da recidiva parece certo e adequar a política preventiva é tarefa da sociedade e dos poderes públicos. A França e a Inglaterra, diante do problema, têm implementado reformas apropriadas na legislação. As reformas devem se concentrar em condenar os casos de pedófilos que recusam tratamento e que não desejam mudar.

Esses refratários não aderem aos programas de reabilitação e estão sempre confrontando o limite da lei jurídica, sob o manto do cinismo. "A razão cínica", expressão proposta pelo filósofo alemão Peter Sloterdijk (1983), tem a propriedade de melhor definir a posição subjetiva do pedófilo: "eles sabem o que fazem e, no entanto, o fazem".

A tautologia "a lei é a lei" encontra no enunciado uma "fórmula que atesta o caráter ilegal e ilegítimo da instauração do reino da lei, de uma violência fora da lei, real". Em outros termos, a lei do pedófilo abriga uma posição desprovida de ilusão, em que o real da violência coincide com o imperativo do cumprimento da lei imaginária.

Será que o tratamento de abusadores sexuais de crianças pode ser eficaz? Existem crenças distorcidas de que nada parece suficiente para deter ou reduzir a reincidência mas aqueles que puderem receber tratamento nas prisões, terão maior chance de não cometer o abuso sexual.

As iniciativas de prevenção dos poderes públicos e da comunidade devem-se valer da mídia, que amplifica o problema. Os órgãos de comunicação nacionais e internacionais poderiam desempenhar um papel de transformação e contribuir para a educação da sociedade, conduzindo o leitor a pensar, refletir e agir na prevenção. Entretanto, as notícias exploram os fatos e, segundo o professor universitário de comunicação, Antonio Fausto Neto (1991), "a lógica que orienta o processo de interação entre o suporte e o leitor é fundamentada à base de um dispositivo de enunciação que tem o leitor como uma espécie de caixa vazia, que precisa ser capturado. O leitor é, nessa lógica enunciativa, um campo destituído da faculdade de produzir discursos".

Com as campanhas e entidades de defesa da infância, a situação é inversa a dos outros meios noticiosos. O enfoque pedagógico adotado pelas entidades constitui a veia explicativa do abuso sexual infantil, movido pelas ilustrações coloridas de animação digital de símbolos da infância. A educação sexual assume uma urgência, mesmo que seja por meio de enunciativos didáticos ou de alertas e de apelos explícitos de proteção ao menor.

As medidas educativas consistem em exigir da criança a tolerância a certa dose de desprazer, ao renunciar a satisfação pulsional imediata. De que modo elas devem ser esclarecidas, sem despertá-las para o campo da sexualidade do adulto? Freud propunha que toda curiosidade deveria ser satisfeita de maneira adequada a cada etapa da aprendizagem, pois mantê-la na ignorância seria preservar a inocência e a pureza de uma crença: a inexistência da pulsão sexual.

O sintoma da pedofilia realça, no discurso social, o tabu da sexualidade infantil. O papel fundamental dessas campanhas está na produção de operadores enunciativos que transmitam noções básicas da constituição da infância e do complexo de Édipo. Só assim, o público, tanto o jovem, quanto o adulto, estará apto a lidar com os testemunhos estarrecedores dos menores.

Para concluir, convém insistir, quantas vezes for necessário, naquilo que é da ordem do real: a pedofilia existe sim e, como sintoma da cultura contemporânea, parece ser cada dia mais presente no século vinte e um. Em outras palavras, a presença, no tecido social, daqueles que consideram as crianças como objetos eróticos constitui um problema grave. E, mesmo que a idéia seja odiosa, também deve ser considerado que isso afeta a todo mundo por duas razões. Primeiro, porque ninguém fica indiferente perante o desejo de outrem. E, depois, porque a sexualidade que alude à infância nunca deixou de ser — mesmo cem anos depois da elucidação freudiana — um osso duro de roer.

O que, antes, era oculto passou a ganhar visibilidade e alta definição. Ao longo das décadas, a fotografia, o cinema, o vídeo, e agora a Internet, contribuíram para que o imaginário fosse incrementado, tanto na oferta cada vez maior de imagens cintilantes, como também na satisfação espúria de quem se compraz com isso. Os internautas poderão ser nada mais do que neuróticos e ficar, para sempre, nas fantasias onanistas, ou pervertidos que executam o abuso sexual com refinamentos de crueldade. Em todos os casos, vale lembrar o que a psicanálise ensina: o tabu — aqui, a criança como desencadeante da libido e objeto de satisfação — gera o desejo. Mas a Lei — seja a simbólica, estruturante de nossa condição humana, ou a social, civil ou penal, que rege a convivência entre os cidadãos — deve prevalecer, criando direitos e obrigações para interditar o gozo aberrante e preservar a civilização.

BIBLIOGRAFIA

ABDI – Associação Brasileira de Direito de Informática e Telecomunicações. Ata da 3ª Reunião da Comissão de Estudos sobre "Crimes na Internet e nas Redes de Telecomunicações – Crimes em Informática", São Paulo, 02 jul. 1999.
ALMEIDA JÚNIOR, Antonio. *Lições de Medicina Legal*. São Paulo: Companhia Editora Nacional, 1978.
APA – American Psychiatric Association. *DSM-IV-TR – Manual Diagnóstico e estatístico de transtornos mentais*. Porto Alegre: Artmed Editora, 2002.
AMORIM, Gustavo F.M. *O escândalo de Chipkevitch na mídia*. Trabalho de conclusão do curso de Especialização em Jornalismo, Educação e Ciência, PUC-SP, 2004.
ANDERSON, Damián e ODENT, Jean-Philippe. *La pornographie: un divertissement inoffensive ou une incitation au crime?*, s/d. Relatório realizado pela Federation des Femmes pour la Paix Mondiale.
ANDRÉ, Serge. "La signification de la pédophilie". In: *OEDIPE Le portail des Psychanalystes Francophones*, Conférence à Lausanne le 8 juin 1999. http://www.oedipe.org/fr/actualites/pedophilie.
ARIÈS, Philippe. *História social da criança e da família*. 2. ed. Rio de Janeiro: Editora LTC, 1981.
AZEVEDO, Maria Alice e GUERRA, Viviane Nogueira de Azevedo. *Crianças vitimizadas: A síndrome do pequeno poder*. São Paulo: Iglu, 1989.
BALIER, Claude. "Psicopatologia dos autores de delitos sexuais contra crianças". In: GABEL, Marceline (org.). *Crianças vítimas de abuso sexual*. São Paulo: Summus, 1997.
BARBOSA, Hélia. "Abuso e exploração sexual de crianças: origens, causas, prevenção e atendimento no Brasil". In: *Inocência em perigo*. Abuso sexual de crianças, pornografia infantil e pedofilia na Internet. Rio de Janeiro: UNESCO Edições Brasil/Editora Garamond, 1999, pp. 27-28.
BASHIR, Martin. *Living with Michael Jackson*. Granada Television documentary. Jackson Trader, 2 DVDs Pal, 2003.
BATAILLE, Georges. *O erotismo*. Porto Alegre: L&PM Editores, 1987.
BECCARIA, Cesare [1763]. *Dos delitos e das penas [Dei delitti e delle pene]*, 3. ed. São Paulo: Editora Revista dos Tribunais, 2006.
BERLINCK, Manoel Tosta. *Psicopatologia fundamental*. São Paulo: Escuta, 2000.
BIRMAN, Joel. *Mal-estar na atualidade*. Rio de Janeiro: Civilização Brasileira, 2000.
CAVALCANTE, Lília Iêda Chaves. *Violação de direitos da criança e do adolescente: cenas familiares*. Dissertação (Mestrado). Curso de Mestrado em Serviço Social, Centro Socioeconômico, Universidade Federal do Pará, Belém. 1998 (Biblioteca virtual de Direitos Humanos da USP).
CLAVREUL, Jean. *A ordem médica*. Poder e impotência do discurso médico. São Paulo: Brasiliense, 1983.
——————. *Le désir et la loi*. Approches psychanalytiques. Paris: Editions Denoël, 1987.
COHEN, Morton N. *Lewis Carroll. Uma biografia*. Raffaella de Filippis (trad.). Rio de Janeiro: Record, 1995.
CROMBERG, Renata Udler. *Cena incestuosa abuso e violência sexual*. São Paulo: Casa do Psicólogo, 2001.
CUNHA, Antonio Geraldo da. *Dicionário etimológico Nova Fronteira*. Rio de Janeiro: Nova Fronteira, 1986.
DELORME, Roger. *Los Grandes crímenes sexuales*. Barcelona: Sagitário, 1975.
DESPRATS-PEQUIGNOT, Catherine. *La psychopathologie de la vie sexuelle*. Paris: Presses Universitaires

de France, 1992.
DREZETT, Jefferson. "Aspectos médicos do abuso sexual contra crianças e adolescentes". In: VASCONCELOS, M. Gorete O.M. e Mallak, Linda Simone (orgs.). *Compreendendo a violência sexual em uma perspectiva multidisciplinar*. Carapicuiba (SP): Fundação Orsa Criança e Vida, 2002, pp. 50-66.
DUNAIGRE, Patrice. "O ato pedófilo na história da sexualidade humana". In: *Inocência em perigo: Abuso sexual de crianças, pornografia infantil e pedofilia na Internet*. Brasília: UNESCO/Abranet/Garamond, 1999.
ERCÍLIA, Maria. *A Internet*, 2. ed. São Paulo: Publifolha, 2001.
FALEIROS, Eva T. Silveira (coord.). Oficina de indicadores de violência intrafamiliar e exploração sexual comercial de crianças e adolescentes. Brasília: CECRIA/CESE/Fundo Cristão para Crianças, 1998. http://www.cecria.org.br/pub/livro_indicadores_publicacoes.pdf
——————. *Repensando os conceitos de violência, abuso e exploração sexual de crianças e de adolescentes*. Brasília: Thesaurus Editora, 2000.
—————— e COSTA, Ozanira (orgs.). *Políticas públicas e estratégias contra a exploração sexual comercial e o abuso sexual intrafamiliar de crianças e adolescentes*. Brasília: Ministério da Justiça/CECRIA - Centro de Referência, Estudos e Ações Sobre Crianças e Adolescentes, 1998.
FAUSTO NETO, Antônio. *Comunicação e mídia impressa*. Estudo sobre a AIDS. São Paulo: Hacker Editores, 1999.
FERENCZI, Sàndor. "Confusão de línguas entre os adultos e as crianças". In: FERENCZI, Sandor e BIRMAN, Joel, (orgs.). *Escritos psicanalíticos 1909-1933*. Rio de Janeiro: Taurus, 1988, pp. 347-56.
FINKELHOR, David. *Child sexual abuse*: New theory and research. Nova York: The Free Press, 1984; *Abuso sexual al menor*, México: Pax, 1984.
FOUCAULT, Michel. *A verdade e as formas jurídicas*. 7. ed. Rio de Janeiro: Nau, 2003.
FREUD, Sigmund (1905). *Três ensaios sobre a teoria da sexualidade*. Rio de Janeiro: Imago, 1997.
—————— (1908). "Sobre as teorias sexuais das crianças". In: FREUD, S. *Obras completas* ESB, v. IX. Rio de Janeiro: Imago, 1969.
—————— (1912). "Contribuciones al simpósio sobre la masturbación". Luis López Ballesteros (trad.). Madri: Biblioteca Nueva, 1972.
—————— (1913). "A disposição à neurose obsessiva. Uma contribuição ao problema da escolha da neurose". In: FREUD, S. *Obras completas* ESB, v. XII. Rio de Janeiro: Imago, 1996.
—————— (1913a). "La disposición a la neurosis obsesiva. Una aportación al problema de la elección de neurosis". In: FREUD, S. *Obras completas*. Madrid: Biblioteca Nueva, 1972.
—————— (1913b). *Totem e Tabu e outros trabalhos*. [ESB, v. XIII], Rio de Janeiro: Imago, 2007.
—————— (1915). "Os instintos e suas vicissitudes". In: FREUD, S. *Obras completas* ESB, v. XIV. Rio de Janeiro: Imago, 1996.
—————— (1916). "Criminosos devido a um sentimento de culpa". In: FREUD, S. *Obras completas* ESB, v. XIV. Rio de Janeiro: Imago, 1996.
—————— (1919). "Pegan a un niño. Aportación al conocimiento de la génesis de las perversiones sexuales". In: FREUD, S. *Obras completas*, v. 3, 3. ed. Madrid: Biblioteca Nueva, 1973.
—————— (1919a). "Uma criança é espancada: Uma contribuição ao estudo da origem das perversões sexuais" ("Bate-se numa criança"). ESB, v. XVII, *O estranho* [*Das Unheimliche*]. Rio de Janeiro: Imago, 1985.
—————— (1923). "A Organização genital infantil: Uma interpolação na teoria da sexualidade". In: Freud, S. *Obras completas* ESB, v. XIX. Rio de Janeiro: Imago, 1974.
—————— (1924). "Algumas conseqüências psíquicas da distinção anatômica entre os sexos". In: FREUD, S. *Obras completas* ESB, v. XIX. Rio de Janeiro: Imago, 1974.
—————— (1927). "Fetichismo". In: FREUD, S. *Obras completas* ESB, v. XXI. Rio de Janeiro: Imago, 1976.
—————— (1938). "A divisão do ego no processo de defesa" [*Die Ichspaltung im Abwehrvorgang*].

In: FREUD, S. *Obras completas* ESB, v. XXIII. Rio de Janeiro: Imago, 1996.

——————. *Obras Psicológicas Completas*. Edição Standard Brasileira. 24 vols., Rio de Janeiro: Imago, 1996.

GABEL, Marceline (org). *Crianças vítimas de abuso sexual*. São Paulo: Summus, 1997.

GARD, R.M. Du-Haire-Voltaire-Relgis *et all*. *Manual de perversiones*. Antología del sexo insólito. Buenos Aires: Editorial Merlín, 1969.

GARDNER, Martin. *Alice*. Aventuras de Alice no País das Maravilhas e através do espelho. Edição comentada. Rio de Janeiro: Jorge Zahar, 2002.

GARÓFALO, Rafael [1885]. *Criminologia*. Estudo sobre o delito e a repressão penal, Danielle M. Gonzaga (trad.). Campinas (SP): Péritas, 1997.

GIRARD, René. *A violência e o sagrado*. Rio de Janeiro: UNESP/Paz e Terra, 1990.

GUILLEBAUD, Jean-Claude. *A tirania do prazer*. Rio de Janeiro: Bertrand Brasil, 1999.

HANNS, Luiz Alberto. *Dicionário comentado do alemão de Freud*. Rio de Janeiro: Imago, 1996.

HUNT, Lynn (org.). *A invenção da pornografia*. Obscenidade e as origens da modernidade 1500-1800. São Paulo: Hedra, 1999.

JACOB, Margaret. "O mundo materialista da pornografia". In: HUNT, Lynn (org.). *A invenção da pornografia*. São Paulo: Hedra, 1999.

JESUS, Damásio Evangelista de. *Código penal anotado*. 13. ed. São Paulo: Saraiva, 2002.

KAPLAN, Harold I. e SADOCK, Benjamin J. *Tratado de psiquiatria*. Porto Alegre: Artes Médicas, 1999.

KELSEN, Hans. *Teoria pura do Direito*. 4. ed. São Paulo: Editora Revista dos Tribunais, 2006.

KRAFFT-EBING, Richard Von. *Las psicopatias sexuales* [*Psychopathia Sexualis*]. Barcelona/Buenos Aires: Sagitário Editora, 1970.

LACAN, Jacques [1936-66]. "Introdução teórica às funções da psicanálise em criminologia". In: *Escritos*. Rio de Janeiro: Jorge Zahar, 1998.

—————— [1953-54]. *O Seminário* – Livro 1. *Os Escritos Técnicos de Freud*. Rio de Janeiro: Jorge Zahar, 1987.

—————— [1956-57]. *O Seminário* – Livro 4: *A relação de objeto*. Rio de Janeiro: Jorge Zahar, 1995.

—————— [1958]. "A significação do falo". In: *Escritos*. Rio de Janeiro: Jorge Zahar,1998.

—————— [1960]. "Subversão do sujeito e a dialética do desejo no inconsciente freudiano". In: *Escritos*. Rio de Janeiro: Jorge Zahar, 1998.

LAPLANCHE, Jean e PONTALIS, Jean Bertrand. *Vocabulário da psicanálise*. 4. ed. São Paulo: Martins Fontes, 2001.

LEAL, Maria Lúcia Pinto (consultora). *Exploração sexual comercial de meninos, meninas e de adolescentes na América Latina e Caribe*. 3. ed. Brasília: UNICEF/CECRIA/Thesaurus, 2000.

LYRA, Romero. "O Ministério Público e o enfrentamento dos crimes de informática. O combate à pedofilia via Internet". In: *Farol jurídico*, Revista do Ministério Público do Estado do Rio de Janeiro, n.13, pp. 249-254, jan./jun. 2001.

MAJOR, René. "Linguagem da perversão e perversão da linguagem ou a imagem do inaudito". In: M'UZAN, Michel de *et all*. *A sexualidade perversa*. Lisboa: Editorial Vega, 1988.

MARANHÃO, Odon Ramos. *Curso básico de medicina legal*. 8. ed. São Paulo: Malheiros, 2005.

MARCÍLIO, Maria Luíza. "A lenta construção dos direitos da criança brasileira – século XX". *Revista da USP*, São Paulo, v. 37, p. 46-56, 1998; Biblioteca Virtual de Direitos Humanos da USP. http://www.direitoshumanos.usp.br/counter/Biblio/txt/mluiza.html

MASOTTA, Oscar. "El psicoanálisis ante la pornografía". Mesa redonda realizada em Barcelona, na casa de Oscar Masotta, em 13 fev. 1977. In: *Conceptual – Estudios de Psicoanálisis*, n. 3. La Plata (Provincia de Buenos Aires): Asociación de Psicoanálisis de La Plata, 2002.

MCDOUGALL, Joyce. *Conferências Brasileiras*. Corpo Físico, Corpo Psíquico, Corpo Sexuado. Rio de Janeiro: Editora Xenon, 1987.

——————. "Cena primitiva e argumento perverso". In: MCDOUGALL, J. *Em defesa de uma certa anormalidade*: Teoria e clínica psicanalítica. 4. ed. Porto Alegre: Artes Médicas, 1991.

———. "Cena primitiva e intriga perversa". In: McDougall, J., M'uzan, M. *et all*. *A sexualidade perversa*. Lisboa: Editorial Vega, 1988.

Meyer, Jon K. "Parafilias". In: Hales, Robert E. e Yudofsky, Stuart C. *Tratado de psiquiatria clínica*, v. II. Porto Alegre: Artmed, 2006.

Miller, Jacques-Alain. *A lógica na direção da cura* (Seminário realizado durante o IV Encontro Brasileiro do Campo Freudiano, Belo Horizonte, 1993). Belo Horizonte: Escola Brasileira de Psicanálise do Campo Freudiano/Seção Minas Gerais, 1995.

———. *Dos dimensiones clinicas: Síntoma y fantasma:* Buenos Aires: Editora Manantial, 1983.

———. "Duas dimensões clínicas: Sintoma e fantasia" (Conferências realizadas em Buenos Aires em 1983). In: Miller, J.-A. *Percurso de Lacan: Uma introdução*. Rio de Janeiro: Jorge Zahar, 1988.

Monteiro, Antônio Lopes. *Crimes hediondos*. 6. ed. Texto, comentários e aspectos polêmicos. São Paulo: Saraiva, 1999.

Noronha, Edgard Magalhães. *Direito Penal*. Tomo I, Introdução e Parte Geral. 35. ed. São Paulo: Saraiva, 2000.

Pacini, Dante. *Filosofia da ciência criminal*. Ensaio filosófico sobre a criminologia. Rio de Janeiro: Editora J. Di Giorgio, 1983.

Paim, Isaias. *Estudos psiquiátricos*. Campo Grande (MS): Solivros, 1998.

Panepinto, Toni, "La pornographie infantile sur le réseau Internet". Travail de fin d'études présenté en vue de l'obtention du diplôme de licencié en criminologie de l'Université de Liège. Année académique 1999-2000. In: *Etude criminologique de la pédo-criminalité sur le réseau Internet*, 2000. <www.users.swing.be/criminologie/contenus/ch2/porno.htm>

Passetti, Edson. *Violentados: Crianças, adolescentes e justiça*. 2. ed., São Paulo: Editora Imaginário, 1995.

Peixoto Júnior, Carlos Augusto. *Metamorfoses entre o sexual e o social. Uma leitura da teoria psicanalítica sobre a perversão*. Rio de Janeiro: Civilização Brasileira, 1999.

Pinto Júnior, Antonio Augusto. "O trabalho com crianças vítimas de violência sexual doméstica: promovendo a resiliência" (1999). *Temas sobre desenvolvimento*. São Paulo: Memnon Edições Científicas, v. 10, n. 55, pp. 40-46, mar.-abr. 2001.

Pinto, Milton José. *Comunicação e discurso*. Introdução à análise de discursos. São Paulo: Hacker Editora, 1999.

Ramos, Fábio Pestana. "A história trágico-marítima das crianças nas embarcações portuguesas do século XVI". In: *História das crianças no Brasil*. Mary Del Priori (org.). São Paulo: Editora Contexto, 1999, pp. 19-54.

Rabinovich, Diana. *Lectura de la significación del falo*. Buenos Aires: Manantial, 1995.

Raulino Neto, Francisco. *Estupro contra a criança e o adolescente*. Tese de Mestrado, PUC-SP, 1995.

Reis, Fábio André Silva. "Enfrentamento da distribuição da pornografia infantil na Internet. Uma experiência institucional". In: *Construindo uma história – Tecnologia social de enfrentamento à violência sexual contra crianças e adolescentes*. Salvador (BA): CEDECA /USAID, 2003.

——— (rel.). *Pornografia infanto-juvenil na Internet: Uma violação aos direitos humanos*. I Conferência Internacional sobre Pornografia Infanto-Juvenil na Internet. Salvador (BA): CEDECA/ Unicef, dezembro 2002. www.cedeca.org.br

Rey-Flaud, Henri. *Como inventó Freud el Fetichismo... y reinventó el psicoanálisis*. Buenos Aires: Ediciones Nueva Visión, 1997.

Rolph, C.H. *Encuesta sobre la pornografia*. Barcelona: Editorial Seix Barral, 1965.

Rosolato, Guy. *Ensayos sobre lo simbólico*. Barcelona: Editorial Anagrama, 1974.

Roudinesco Elisabeth e Plon, Michel. *Dicionário de psicanálise*. Rio de Janeiro: Jorge Zahar, 1998.

Sanderson, Christiane. *Abuso sexual em crianças*. Frank de Oliveira (trad.). São Paulo: M. Books do Brasil Editora, 2005.

Santaella, Lúcia. *Cultura das mídias*. São Paulo: Editora Razão Social, 1992.

——————— e Nöth, Winfried. *Imagem, cognição, semiótica, mídia*. São Paulo: Iluminuras, 1998.
Seabra, André Salame e Nascimento, Helena Maria do. "Abuso sexual na infância". In: *Anais da Academia Nacional de Medicina*, v. 157, n. 1, Rio de Janeiro, 1997.
———————. "Abuso sexual na infância". In: *Pediatria moderna*, n. 34, Revista do Hospital das Clínicas de Faculdade de Medicina da USP, São Paulo, 1998, pp. 395-415.
Sloterdijk, Peter. *Crítica da razão cínica* (*Kritik der zynischen Vernunft*, 1983). São Paulo: Estação Liberdade, no prelo.
Souza Leite, Marcio Peter (org.). *Psicanálise lacaniana: Cinco seminários para analistas kleinianos*. São Paulo: Iluminuras, 2000.
Stamford, John D. (ed. original), Gmünder, Bruno (atual ed.). *The Spartacus International Gay Guide* (1970). Guia gay internacional de viagens. 35ª edição multilingüe. Berlin: Bruno Gmünder Verlag, 2006.
Toron, Alberto Zacharias. *Crimes hediondos*. O mito da repressão penal. São Paulo: Editora Revista dos Tribunais, 1996.
UNESCO. "Pedophilie etat des Lieux". UNESCO-Paris, 18 e 19 jan. 1999. www.unesco.org/webworld/child_screen/index.html
Vivarta, Veet (ed.). *A criança e o adolescente no olhar da imprensa brasileira*. Relatório *Infância na mídia* - 2003/2004 (Apoio: Unicef/Instituto Telemig Celular/ Instituto Ayrton Senna). Brasília: ANDI - Agência de Notícias dos Direitos da Infância, ano 10, n. 14, 2005 http://www.andi.org.br/_pdfs/infancia_na_midia.pdf>
——————— (ed.). *O grito dos inocentes*. Relatório *Infância na mídia* - 2001 (Realização: ANDI/Instituto Ayrton Sena/Unicef/Instituto WCF/Fundación Arcor) Brasília: ANDI - Agência de Notícias dos Direitos da Infância, ano 7, n. 12, 2002. http://www.andi.org.br/_pdfs/infmidia12.pdf
——————— (coord.). *O grito dos inocentes:* Os meios de comunicação e a violência sexual contra crianças e adolescentes. São Paulo: ANDI/Instituto WCF-Brasil/UNICEF/Cortez Editora. (Apoiadores: Instituto Ayrton Senna e Fundación Arcor), 2003.
Waresquiel, Emmanuel De. *Le siècle rebelle*. Dictionnaire de la Contestation au XXème siècle. Paris: Larousse, 2004.
Zizek, Slavoj. *Eles não sabem o que fazem*. O sublime objeto da ideologia. Rio de Janeiro: Jorge Zahar, 1992.

Referências na Rede, Jornais e Revistas

ÁFRICA - "Africanos rejeitam barco com crianças". *Folha de S. Paulo*, 15 abr. 2001.
ÁFRICA - (Benin) "Benin impede entrada de navio com 186 a bordo por temer tráfico de crianças". *Folha de S. Paulo*, 19 jun. 2001.
ÁFRICA - (Benin) "Navio suspeito de tráfico chega a Benin, mas sem crianças escravas". *Folha de S. Paulo*, 17 abr. 2001.
ÁFRICA - (Benin) "Navio vaga com 250 crianças escravas a bordo". *O Estado de S. Paulo*, 14 abr. 2001.
ÁFRICA - "Mistério cerca navio com crianças na África". *Folha de S. Paulo*, 18 abr. 2001.
ÁFRICA - "Escravidão é generalizada, diz UNICEF". *Folha de S. Paulo*, 18 abr. 2001.
ÁFRICA - "Navio com crianças escravas está desaparecido". *O Estado de S. Paulo*, 16 abr. 2001.
ÁFRICA - "Navio escravo pode ter surgido de boatos". *O Estado de S. Paulo*, 19 abr. 2001.
ÁFRICA - (Nigéria) "Crianças de navio africano eram escravas", diz ONG. *Folha de S. Paulo*, 01 maio 2001.
ALEMANHA - Kurz, Robert. "Populismo Histérico". Há muito se apagaram também as fronteiras entre grupos terroristas, milícias estatais e serviços secretos. *Folha de S. Paulo*, "Caderno Mais",

18 mar. 2001.
BÉLGICA - DUTROUX, Marc. "Affaire Dutroux". Wikimedia-1. http://fr.wikipedia.org/wiki/Affaire_Dutroux
BÉLGICA - DUTROUX, Marc. "Belgas julgam inimigo público número 1". *Folha de S. Paulo*, "Panorâmica" - Justiça: 02 mar.2004. http://www1.folha.uol.com.br/fsp/mundo/ft0203200408.htm
BÉLGICA - DUTROUX, Marc. "Fuga de preso causa crise no governo da Bélgica". *Folha de S. Paulo*, 24 abr. 1998. http://www1.folha.uol.com.br/fsp/mundo/ft24049805.htm
BÉLGICA - DUTROUX, Marc. "Marc Dutroux jugé coupable". *RFT-Actualité* - Radio France Internationale, 17 jun. 2004. http://www.rfi.fr/actufr/articles/054/article_28753.asp
BÉLGICA — DUTROUX, Marc. "Marc Dutroux se plaint de ses conditions d'incarcération". 04 jan. 2001 - Yahoo! *Actualités* www.yahoo.fr http://fr.search.yahoo.com/search?p=Marc+Dutroux&fr=yfp-t-501&ei=UTF-8&meta=vc%3D
BÉLGICA - DUTROUX, Marc. "Suspeitando das autoridades, belgas fazem manifestação contra pedofilia". *O Estado de S. Paulo*, 18 fev. 1998.
BRASIL, DF - "A lama chega perto do Rei". Revista *Veja*, 04 ago. 2001.
BRASIL, DF - CAMPBELL, Ullisses. "Pedofilia afasta fiéis". *Correio Braziliense*, 16 nov. 2005.
BRASIL, GO - VALLE, Carlos Alberto Guerreiro do. "Bandido ou doente. Empresário é tido como um dos maiores produtores de pornografia infantil para Internet". Revista *Isto É*, 10 nov. 2004.
BRASIL - "Operário fica 1 mês preso por engano". *Folha de S. Paulo*, 1997.
BRASIL - "PF caça pedófilo na Internet e prende". *Folha de S. Paulo*, 15. 27 nov. 2000.
BRASIL - "PF investiga ação de pedófilos na Internet". *Folha de S. Paulo*, 24 ago. 2000.
BRASIL - "Policial brasileiro investiga cibercrime". *Folha de S. Paulo*, 30 jun. 1999.
BRASIL - "Preso confessa estupro de 25 crianças". *Folha de S. Paulo*, 15 mar. 1997.
BRASIL, RJ - (Catedral-Rio) LYRA, Romero. "O Ministério Público e o enfrentamento dos crimes de informática. O combate à pedofilia via Internet". In: *Farol Jurídico*, Revista do Ministério Público do Estado do Rio de Janeiro, n.13, pp. 249-254, jan./jun. 2001.
BRASIL, RJ - (Catedral-Rio) Promotor faz blitz antipedofilia no Rio. *Folha de S. Paulo*, 23 out. 1999.
BRASIL, RJ - SOARES, Ronaldo. "Polícia investiga suposta rede de pedofilia". *Jornal da Tarde*, 19 dez. 1996.
BRASIL, SP - (Bancas) "Rede de pornografia infantil atua no Centro bem na cara da polícia". *Jornal Agora*, 22 mar. 1999.
BRASIL, SP - CARTA, Gianni. "Mercado brutal". *Carta Capital*. n. 156, p. 14-19, 12 set. 2001.
BRASIL, SP - (Chaim) "Biólogo é preso sob acusação de pedofilia". *Folha de S. Paulo*, 23 jan. 1999.
BRASIL, SP - (Chaim) 'Pais identificam filhos em vídeos de acusado de pedofilia". *Folha de S. Paulo*, 30 jan. 1999.
BRASIL, SP - (Itatiba) "Pedofilia na Internet leva gerente à prisão". *Folha de S. Paulo*, 24 out. 1998.
BRASIL, SP - (Osvaldo Durante) "Vendedor é acusado de pedofilia em SP". *Folha de S. Paulo*, 05 mar. 1999.
BRASIL, SP - REIS, Fabio André Silva. Relatório do Congresso Internacional sobre pornografia infantil na Internet, 22 jun. 2002. www.cedeca.org.br
BRASIL, SP - ZIZEK, Slavoj. "A fuga para o real". *Folha de S. Paulo*, "Caderno Mais", 08 abr. 2001.
EUA - JACKSON, Michael (denúncia). "Músico é acusado de abusar de garotos". *Folha de S. Paulo* 20 nov. 1999.
EUA - JACKSON, Michael (entrevista). In: BASHIR, Martin. *Living with Michael Jackson*. Granada Television documentary. Jackson Trade, 2 DVDs Pal, 2003.
EUA - Stockton. "Igreja católica é condenada em US$ 30mi". *Folha de S. Paulo*, s/d.
EUROPA - "Europeus rejeitam 'ciberpolícia' dos EUA". *Folha de S. Paulo*, 17 maio 2000.
FRANÇA — (Berland). FESTRAETS, M. "La double vie de l'abbé Berland". *Le Express*, 10 maio 2001. www.lexpress.fr/Express/info/societe/dossier/pedophilie/dossier/asp?id=291131
FRANÇA - BISSEY, René. "Bispo francês é indiciado por não revelar segredo ouvido em confissão".

Folha de S. Paulo, 24 fev. 2001.

FRANÇA - BISSEY, René. "Mgr Pican condamné à trois mois de prison avec sursis". *Le Monde*, 5 set. 2001. www.lemonde.fr

FRANÇA - BOUNIOT, S. e DURIEZ, I. "Que fait la justice?". *L'Express*, 15 out. 1998 www.lexpress.fr

FRANÇA - DAVIDENKOFF, E. "L'école entrouvre ses placards", *La Liberation*, 16 fev. 2001. www.bouclier.org/france/pedophilie/liberation/20010216venc.shtml

FRANÇA - "França julga turista sexual pela 1ª vez". *Folha de S.Paulo*, 20 out. 2000.

FRANÇA - "Jacky Kaisersmertz a été condamné à 18 ans de réclusion", *Le Monde*. 23 jun. 2001. www.lemonde.fr

FRANÇA - LECHIEN, Marcel, Bouniot, S. e DURIEZ, I. "Pédophilie, les plaintes se multiplient - Cormeilles". *L'Humanité*, 15 fev. 2001. www.humanite.presse.fr/journal/arquives.html

FRANÇA - (Lourdes) "Igreja vai denunciar padres pedófilos". Revista *Veja*, 11 nov. 2000.

FRANÇA - "*Pedophilie etat des Lieux*". In: Exploitation sexuelle des enfants, pornographie impliquant des enfants et pédophilie sur l'Internet: un défi international". UNESCO, 18 e 19 jan. 1999. www.unesco.org/webworld/child_screen/index.html

FRANÇA - REMY, J., STEIN, S. e AGNUS, C. "La pédophilie, enquête sur un sujet tabou". Revista *L'Express*, n. 66.623, 09 fev. 1995.

FRANÇA - SANTUCCI, Françoise-Marie. "Ecole: Le tableau noir de la pédophilie". *La Libération*, 17 e 18 fev. 2001. www.bouclier.org/france/pedophilie/liberation/20010217samr.shtml

FRANÇA - (Vaticano) SANTUCCI, Françoise-Marie. "Eglise et école, lês grandes muettes", *La Libération*, 16 fev. 2001. www.bouclier.org/france/pedophilie/liberation/20010216venf.shtml

HOLANDA - (Morkhoven). "Holanda investiga abuso sexual de bebês" - "Violações de crianças muito pequenas...". *Folha de S. Paulo*, 17 jul. 1998. http://www1.folha.uol.com.br/fsp/mundo/ft17079807.htm

INGLATERRA - (Ciborg). WARWICK, Kevin. "Britânico quer virar 'ciborgue' em 10 anos" (Comentário sobre Matéria da *Folha de S. Paulo* de 07 jan. 2006). *Jornal da Ciência*, Órgão da SBPC – Sociedade Brasileira para o Progresso da Ciência, São Paulo, 09 jan. 2006. http://www.jornaldaciencia.org.br/Detalhe.jsp?id=34374

INGLATERRA - "Igreja tem centro de reabilitação, diz padre". *Folha de S. Paulo*, 31 ago. 1997.

ITÁLIA - CHIATTI, Luigi. Biografia: "Il Mostro di Foligno". OcchiRossi.it - Horror Site, 30 abr. 2006. http://www.occhirossi.it/biografie/LuigiChiatti.htm

ITÁLIA - CHIATTI, Luigi. "Caso Chiatti, parla il giudice 'Ho solo applicato la legge'". Gruppo Editoriale L'Espresso Spa, Divisione *La Repubblica*, 4 out. 2006b. http://www.repubblica.it/2006/08/sezioni/politica/indulto-4/mastella-difende/mastella-difende.html

ITÁLIA - CHIATTI, Luigi. "Indulto, Chiatti, il mostro di Foligno chiede lo sconto sulla pena di 30 anni". Gruppo Editoriale L'Espresso Spa, Divisione *La Repubblica* 21 set. 2006a. http://www.repubblica.it/2006/09/sezioni/cronaca/indulto-chiatti/indulto-chiatti/indulto-chiatti.html

ITÁLIA - "Itália debate combate à pedofilia". *Folha de S. Paulo*, 23 ago. 2000.

ITÁLIA - "Itália discute como combater a pedofilia". *Folha de S. Paulo*, 27 ago. 2000.

ITÁLIA - "Itália é atingida por escândalo de pedofilia". *Folha de S. Paulo*, 29 set. 2000.

MUNDO - "Acusado de abuso teme assassinato". *Folha de S. Paulo*, jul. 1997.

MUNDO - "Papa condena abuso de crianças por padres". *Folha de S. Paulo*, 24 abr. 2002.

MUNDO - "As marcas veladas do abuso sexual doméstico". *O Estado de S. Paulo*, 23 nov. 1997.

MUNDO - "Casal é julgado por oferecer crianças para tortura". *Folha de S. Paulo*, 08 ago. 1997.

MUNDO - "Entre a fé e a lei". Revista *Veja*, 25 jul. 2001.

MUNDO - "Estupro: Uma em cada três vítimas tem entre 12 e 17 anos". *O Estado de S. Paulo*, 21 mar. 2006.

MUNDO - "Grupo confunde pediatria com pedofilia e ataca médica". *O Estado de S. Paulo*, 30 ago. 2000.

MUNDO (INTERNET) - CARTA, Gianni. "Mercado brutal". *Carta Capital*, n. 156, p. 14-19, 12

set. 2001.
MUNDO (INTERNET) - "Estudos mostram assédio a crianças que usam Internet". *O Estado de S. Paulo*, 21 jun. 2001.
MUNDO (INTERNET) - FEIJÓ, B.R. "Lutando contra a pornografia infantil". *Folha de S. Paulo*, 16 jan. 2001.
MUNDO (INTERNET) - "Grampo rastreia pedofilia na Internet". *Folha de S. Paulo*, 12 nov. 1999.
MUNDO (INTERNET) - "Internet cria novo tipo de turismo sexual". *Folha de S. Paulo*, 19 jan. 1999.
MUNDO (INTERNET) - "Violência doméstica é assunto na rede". *Folha de S. Paulo*, 05 maio 1999.
MUNDO (INTERNET) - "Interpol caça suspeito de traficar crianças". *Folha de S. Paulo*, 16 abr. 2001.
MUNDO (INTERPOL) - "Interpol registra estupro na Internet". *Folha de S. Paulo*, 20 jan. 1999.
MUNDO (INTERPOL) - (Wonderland). "Megaoperação reprime pedofilia na Internet". *Folha de S. Paulo*, 03 ago. 1998.
MUNDO - "Rede proibida". Revista *Veja*, 28 jan. 1998.
MUNDO - "Violência sexual atinge 50 mil por ano". *Folha de S. Paulo*, 14 jul. 2000.
RÚSSIA - "Grupo denuncia abuso em orfanatos". *Folha de S. Paulo*, 20 dez. 1998.
TAILÂNDIA - (Arthur C. Clark) "2001, A infâmia". Revista *Veja*, 11 fev. 1998.
TAILÂNDIA - "Pedófilo é preso na Tailândia". *Folha de S. Paulo*, 22 ago. 2001.

Organizações Governamentais e Não-Governamentais

ABDI - Associação Brasileira de Direito de Informática e Telecomunicações
ABRAPIA - Associação Brasileira Multiprofissional de Proteção à Infância e Adolescência www.abrapia.org.br
Agência de Notícias dos Direitos da Infância - ANDI - Revista Infância na mídia - *O Grito dos Inocentes*. Ano 7, n. 12, março 2002, e *A Criança e o Adolescente no olhar da imprensa brasileira*, 2003/2004.
Ata da 3ª Reunião da Comissão de Estudos sobre "Crimes na Internet e nas Redes de Telecomunicações - Crimes em Informática", ABDI, 2/7/99.
CECRIA - Centro de Referência, Estudos e Ações sobre Crianças e Adolescentes. www.cecria.org.br
CEDECA - Centro de Defesa da Criança e do Adolescente.
CPAT - *End Child Prostitution, Children Pornography and Trafficking of Children.*
LE BOUCLIER - pour la défense des enfants. www.bouclier.org.fr
MAPI - *Mouvement Anti-Pédophilie sur Internet.* www.info.fundp.ac.be/~mapi/plan.html
RECRIA – Rede de Informações sobre Violência, Exploração e Abuso sexual de Crianças e Adolescentes. www.recria.org.br
"Relatório sobre pornografia infantil na Internet, tráfico de crianças e adolescentes e marcos normativos relacionados", Secretaria Especial de Direitos Humanos da Presidência da República, Brasília, 2004.
Safernet Brasil - Organização não-governamental de denúncias de crimes na Internet.
UNICEF - Fundo das Nações Unidas para a Infância. www.unicef.org

OUTROS TÍTULOS DESTA EDITORA

A COMÉDIA INTELECTUAL DE PAUL VALÉRY
João Alexandre Barbosa

CULTURA E ECONOMIA
Paul Tolila

HIPÓLITO E FEDRA - TRÊS TRAGÉDIAS
Eurípedes - Sêneca - Racine

A ILHA DESERTA
Gilles Deleuze

LIÇÕES DE SADE - ENSAIOS SOBRE A IMAGINAÇÃO LIBERTINA
Eliane Robert Moraes

MADE IN BRASIL - TRÊS DÉCADAS DO VÍDEO BRASILEIRO
Arlindo Machado (org.)

OS PAPÉIS DE PICASSO
Rosalind E. Krauss

**CADASTRO
ILUMINURAS**

Para receber informações sobre nossos lançamentos e promoções envie e-mail para:

cadastro@iluminuras.com.br

Este livro foi composto em Garamond pela *Iluminuras* e terminou de ser impresso em 2020 nas oficinas da *Meta Gráfica*, em Cotia, SP, em papel off-white 80 gramas.